MY
JOB
나의 직업

어쩌면 당신의 시선

CONTENTS

Part One

History

Part Two

Who & What

Part Three

Get a Job

Part Four

Reference

Part One

History

01 옷과 우리의 생활

의복의 역사

사람이 이 세상에 살아가기 위해 반드시 필요한 세 가지를 의, 식, 주라 한다. 바로 의복, 음식 그리고 집이 그것이다.

이 중에서 의복은 원래 험난한 기후와 환경으로부터 인간의 신체를 보호하기 위한 수단으로 사용되었다. 그러나 오늘날에는 자신의 개성을 표현하는 수단이나 자신의 사회적 지위와 권력을 간접적으로 나타내는 상징적 의미를 지닌 장식물로서의 기능을 갖게 되었다.

물론 오늘날에도 의복을 입지 않는 사람들이 여전히 존재한다. 특히 원시적인 사회일수록 그러한 경향은 두드러진다.

그러나 그들 역시 우리가 흔히 복식이라고 부르는 일반적인 소재나 형태를 띠지 않았을 뿐, 신체 위에 나뭇잎, 조약돌, 자연 소재의 장신구 등을 사용해 나름의 장식성과 사회성을 보여주려고 한다.

즉, 인간은 누구든지 의복을 통해 자신을 보호하고, 또 자신의 의지를 나타내려는 행동을 끊임없이 이어간다. 의복의 역사는 바로 그러한 인간의 활동 속에서 이루어져 왔다.

우리나라의 경우 의복의 변화 과정을 시대별로 크게 나눠볼 수 있는데 그 이유는 의복이 생활의 양상과 밀접한 연관성이 있어 시대의 변화와 특징에 따라 변하기 때문이다. 의복은 생활 속에서 탄생하지만, 규율로 다스려지기도 하며 예의를 가리거나 지위를 나타내는 등 다양한 목적으로 활용된다.

옆에 있는 표를 보면 옷을 칭하는 말인데 단어에 따라 의미가 조금씩 다르다.

그러나, 명확하게 구분하여 사용하지 않고 있는 실정이다.

잘 알려져 있다시피 신석기 시대에는 물고기나 짐승의 뼈를 바늘로 사용하여 가죽으로 옷을 만들어 입었다. 이 당시의 의복은 추위와 날짐승으로부터 몸을 보호하고 사냥, 수렵, 채집에 용이하도록 만들어졌다.

삼국시대에 이르면, 의복은 보다 진화하여 지금과 비슷한 형태가 된다. 고구려, 백제, 신라라는 나라가 세워지면서 사회적 인간으로서 의복의 기능이 필요해졌기 때문에 현대사회의 의복처럼 저고리, 바지, 치마, 두루마기 등을 활용해 옷을 입었다. 물론 신분과 재력 여하에 따라 옷의 소재와 장신구 등은 천차만별이었다.

우리나라의 한복도 바로 이 삼국시대를 탄생 기점으로 보고 있다. 통일신라와 고려를 거쳐 조선시대에 이르면 한복은 우리 민족 모두가 널리 입는 일상복으로 발전하여 지위고하를 막론하고 누구든 한복을 입었다. 그런데 조선시대 상류층은 명나라의 영향을 받아 그들의 의복과 비슷한 양상으로 화려하고 위엄을 강조하는 옷들로 발전해나갔다. 그래서 사실 오늘날 우리가 생각할 수 있는 한복의 고유한 복식은 주로 서민들의 옷이었다. 이러한 한복은 조선 후기 실학사상이 발달하면서 실용성이 점차 강조되자 더 간편해지고 가벼워졌다. 더불어 양반과 서민의 복식 차이가 거의 없어지고 옷의 실용적인 측면을 강조한 의복이 일반화되었다.

■ 의복 : 옷을 입는 위치별로 구분하는 의미를 포함. 외투, 내의

■ 피복 : 몸에 걸치는 모든 장착물을 통괄적으로 의미함. 옷+장갑+양말

■ 의상 : 입는 자의 목적, 신분, 문화 등등이 반영된 옷. 전통의상, 무대의상

■ 의류 : 판매와 관련하여 옷을 용도에 따라 분류하는 의미. 스포츠류, 웨딩류, 정장류

■ 복식 : 옷과 장신구를 합쳐 부르는 말인데 시대 생활상이 반영된 차림.

■ 복장 : 옷을 입은 모양이나 상태.

©Savvapanf Photo

　남성의 한복은 구한말부터 넓은 도포가 두루마기 등으로
바뀌었지만, 20세기 후반에도 큰 변화 없이 기존의 한복양식을
가지고 있었다고 한다. 다만, 서양의 영향에 따라 짧았던 상의가
길어지고, 1990년대에 들어서는 한복의 대님이나, 옷고름 대신
단추를 다는 생활한복으로 변천하였다. 사실상 한복은 급격한
발전과 함께 예의를 갖추거나, 특정한 의례가 있을 때에나 입게
되었고 대부분 서양식의 복장으로 바꾸어 입게 되었다.

　여성의 복식도 역시 1960년대 화학섬유가 생산되면서 한복을
일상복으로 입는 시대를 벗어나 일상복으로 서양식을 더
선호하게 되었다. 특히 젊은 여성들일수록 서양복인 양장을
선호하게 되었고, 한복과 양장이 공존하는 시대가 거쳐 가게
되었다. 또는 한복을 보다 간편하게 바꾸어 입는 복식도
유행했다. 가령 저고리 고름을 단추나 브로치 등으로 대체하고,
사회활동을 시작하는 여성들이 종아리가 보이는 짧은 통치마와
저고리를 입은 것이 대표적이었다.

　섬유산업의 발달과 급속도로 변화하던 1970년대에 이르면
우리 전통 복식은 거의 일상복에서는 사라지게 된다. 대신

예복으로서 한복을 우대하면서, 장식성이 더해져 나갔다. 장식용 재료와 방법도 다양하게 변화해 색은 마치 궁중의 그것처럼 더 원색적으로, 문양은 대담하고 큰 것으로 변화해나갔다. 또 화려함이 더해져 각종 금박과 자수 등이 전통적인 한복의 단아하고, 고풍스러운 느낌을 보다 화사하게 바꾸어 놓았다.

우리의 전통 복장이 이렇게 발달했다면 서양의 복식에서 그 기원을 찾을 수 있는 오늘날 현대식 의복은 19세기에 미국과 유럽에서 번창한 의류산업의 영향을 받았다고 볼 수 있다.

19세기에 이르러 유럽과 미국은 본격적인 의류 산업의 번창으로 기성복이라는 개념이 등장하기 시작했다. 옷을 만들거나 맞추어 입지 않고 사이즈를 정해 대량 생산하고, 소비자는 그 옷을 자신의 사이즈에 맞춰 골라 입는 개념의 등장이었다. 이 시대의 의복제조업체는 옷을 많이, 또 쉽게 생산해내는 데 주력하였으며 그 결과 편하고 단순한 형태의 의복들이 보급되었다. 동시에 남성들의 경우엔 무릎까지 오던 전통적 바지 대신에 긴 바지를 입는 것으로 바뀌게 되었다. 그리고 이러한 차림새는 200년이 넘도록 이어져 오늘날 모든 남성복의 기본 차림이 되었다.

20세기에 이르면 의류산업은 더더욱 대량생산에 초점을 맞추게 된다. 그러나 이전보다 다양한 소재와 디자인을 가미해 여러 형태의 기성복을 생산하는데 여성들의 경우에는 기존처럼 딱 달라붙거나 몸매를 드러내는 옷들은 물론 헐렁하고 편한 옷들도 만들어져 나왔다. 이외에도 각종 스타일의 의복이 유행이라는 이름 아래 시간을 다투어 다양하게 발전해 나갔다.

또 오늘날처럼 여성이 신체의 일부를 노출시키는 것도 이때부터 시작되었는데 주로 레저복이나 스포츠복에서 나타난 여성복의 노출은 의류산업의 주도 하에 일상복에 까지 파고 들었다. 여성의 여가생활 증가로 인하여 점점 보다 활동적이고 간편한 의복을 필요로 하였기 때문이다. 1920년대에는 다리, 1940년대에는 배, 1960년대에는 허벅지를 노출시키는 등의 유행이 이런 식으로 일어났다.

그런데 1990년대에 이르면서부터는 남성복과 여성복의 개념이 혼용되면서 옷은 개인의 개성과 소비패턴 만을 반영할 뿐 남녀의 차이는 미미해지게 되었다.

패션 디자인이란 무엇인가

소비자가 옷을 고를 때 실용성과 개성을 동시에 담고 있는
의복을 선택하는데 소비자의 이러한 욕구를 의상에 반영하고,
트렌드를 이끌어나가도록 옷을 설계하는 일이 바로
패션디자인이라 하겠다. 전문적인 정의로는 '옷과 장신구에 대한
디자인 또는 미학 응용 분야'라고 설명하지만 쉽게 말해, 입고,
신고, 걸치는 모든 의류 및 장신구에 대한 창의적인 아이디어와
그 설계라고 볼 수 있다.

그런데 패션 디자인은 창조적인 예술 영역이면서 동시에
의류산업이라는 넓고 큰 시장과 연계되어 있어 이와 관련된
분야가 생각보다 많다. 우선 의류 생산 공장과 디자인 회사를
쉽게 떠올려볼 수 있으며, 옷을 유통하고 마케팅하는 사람들, 또
소비자들의 트렌드를 분석하는 이들, 나아가 의류의 소재가 되는
섬유에 대한 연구와 기술을 발전시키는 사람들과 다시 이것을
생산하는 이들 등등, 패션 디자인의 세계는 마치 수많은
나뭇가지들처럼 수많은 업체와 사람들이 다양하게 얽혀 있다고 볼
수 있다.

그렇기 때문에 옷에 대한 1차적인 책임자이자, 창조자가 되는
패션디자이너의 경우 직업적 사명감을 가지고 자신의 역량을
펼쳐나가야 한다. 미적 가치를 창조할 수 있으면서 동시에
소비자들의 사랑을 받을 수 있는 트렌드, 이른바 유행을 만들어내는
의복, 그러면서 기능성과 역사를 잃지 않도록 미래의 가치까지
고려한 디자인을 할 수 있어야 한다.

또 환경에 적응할 수 있는 실제적인 지식과 창의적인 감각을
지녀야 하며, 패션 정보를 분석하고 소비자의 감성까지 이해하여
의복의 부가가치를 최대한 끌어올릴 수 있는 패션 디자인이 되어야
할 것이다.

오늘날 의복이나 패션디자인의 수준은 그 기능적 역할에만
집중해 보자면 과거에 비해 월등한 수준에 이르러 있다. 따라서
오늘날의 패션 디자인, 또 패션디자이너는 누구나 할 수 있는

　의복의 기능적 설계보다는 실용적인 기능성과 더불어 고차원적인
부가가치를 창출해낼 수 있는 창조적 아이디어를 마련하도록
노력해야 한다.
　　그래서 우리는 패션 디자인을 다음과 같이 정리하여 말할 수
있다.
　　"패션 디자인은 다음 계절을 위한 컬렉션의 중심 모델을
설계하는 일로서 모양, 라인, 색깔, 천 등을 종합적으로 연계시켜
끊임없이 혁신을 만들어가는 작업이다."

패션 디자이너의 역사

패션 디자이너라는 직업은 말만 보면 현대에 와서 생긴 것
같지만 사실 사람들이 아주 오래전부터 옷을 만들어 왔다는 것을
생각하면 우리가 생각하는 것보다 훨씬 이전부터 이런 직업이
존재했었다고 할 수 있다.

우리나라의 경우에는 임금의 의복을 만들거나, 궁중에 사는
궁인들의 의상을 공급하는 관료가 있었는데 어떤 의미에서 보면
이러한 사람들이 오늘날 패션 디자이너이기도 한 것이다. 그들은
'상의원'이라고 불렸는데, 임금의 옷을 만들기도 하고 재화,
금은보화 등의 물품을 궁에 납품하는 업무를 담당했다.

이들은 조선 태조 때 설치된 뒤 그 후에 상의사로 이름이
바뀌었으며, 1905년에는 상방사라는 호칭으로 다시 바뀌었다.

상의원의 일들을 보면 금실을 짜 넣는 재금장과 탕건을
제작하는 탕건장 등으로 나누어 마치 오늘날처럼 분업이
이루어지고 있었음을 알 수 있다.

또한 바느질로 옷을 짓던 장인을 부르던 명칭도 존재한다. 바로
침선장이다.

요즘은 장인으로 특별하게 지정해 그들의 기술력과 정신을
계승하고 보호하려 하지만, 전통 사회 안에서 옷 만드는 일은

상의원에 대한 정종실록 속의 기록

상의원은 전하를 위해 재정을 담당하는 내탕이므로, 의대·복식 등의
물건을 일체 모두 관리하는데, 만일 간사한 소인배들이 맡으면 쓸데없
이 낭비하는 수가 있으니, 이제부터 공정하고 청렴한 선비를 뽑아서 그
일을 감독하게 하소서.
(尙衣院是爲殿下之內帑 衣帶服飾之物 一皆掌之 但以憸小之徒 掌其事
以至枉費無度 自今擇公薦之士 以監其事)
[정종실록 권제1, 11장 뒤쪽, 정종 원년 5월 1일(경오)]

대부분 여성들이 가족과 자신들을 위한 살림살이의
일부분이었다.

　　그러나 왕실, 또는 사대부 등의 특수 계층들은 자신들이 직접
옷을 짓지 않고 솜씨가 뛰어난 장인을 고용해 옷을 지어입곤
했다. 궁중에서는 위에 언급한 것처럼 상의원이 그 업무를
담당했고, 부족한 일손을 침선비라 하는 이들에게 돕도록 했다.
대체적으로 바느질에는 홈질, 박음질, 감침질, 상침뜨기,
휘갑치기, 사뜨기, 시침질, 공고르기, 솔기질 등이 있는데
이음새나 옷감의 종류에 따라 적용해야 하는 기술이
천차만별이라서 이들 장인의 역할은 까다로운 손님을 만날수록
더욱 빛을 발휘했다고 할 수 있겠다.

　　또 이들이 장인으로 지정된 특수한 인물들이어서 그런지
몰라도, 침선장은 모두 양민과 천민 출신의 남성 장인이었다는
점이 특이하다. 상의원에 소속됐던 침선장만 68개 분야,
597명이나 됐다는 기록이 경국대전에 전해진다. 침선비는
바느질을 전담하는 침방과 수놓기를 전담하는 수방 소속 궁궐
나인을 뜻했다. 이들 중 누가 실제 의상디자인을 맡았는지에 대한

기록은 없다. 침선장에 대한 사료는 그 숫자 정도만 남아있는 데 비해 침선비에 대해선 숫자에 대한 기록은 없지만 그 역할에 대한 기록은 상대적으로 많은 편이다.

침선비는 7, 8세 나인 가운데 손재주가 야무지고 꼼꼼한 성격의 사람을 가려 뽑아 도제식으로 기술을 전수했다고 한다. 업무 강도가 높아 손가락에는 바늘에 찔린 상처가 아물 날이 없었지만, 바느질을 못하면 그 책임을 물어 투옥되기도 해 긴장을 늦출 수 없는 직업이었으니 어린 시절부터 그 고달픔이 심했을 것이라 추측된다. 심지어 침선비는 평소 옷을 짓다가도 궁중 연회가 열리면 춤과 노래도 담당했다. 침선비의 다른 이름이 '상방(상의원의 다른 이름)기생'이었던 이유가 여기에서 연유한다.

옷을 만드는 일 뿐만 아니라 옷 세탁 역시 침선비의 몫이었다. 왕실의 옷은 비단 소재가 많아 세탁할 일이 많지는 않았다.

하지만 검소함을 중시한 중종과 영조, 정조 같은 임금은 제례복과 곤룡포 같은 옷 이외의 옷은 모시나 명주로 만들어 세탁이 가능하도록 하여 백성들의 진상 부담을 조금이라도 덜어주고자 했다고 한다.

이 당시 왕실의 권위를 나타내는 색깔은 보라색과 빨간색이었다. 그런데 보라색 염료인 자초는 그 가격이 근당 쌀 5~8말, 빨간색 염료인 홍화는 근당 쌀 10~11말에 이를 정도로 비쌌다.

이 때문에 세종 때는 사간원이 사치를 막는다는 구실로 왕실을 제외한 일반 백성들은 이 색깔의 옷을 입는 것을 금지해야 한다는 상소를 올리기도 했다고 한다.

또 침방 상궁이라는 이들도 있었다. 왕과 왕비가 옷을 편하게 입도록 해주며 잘 때는 평안하게 자도록 옷과 이부자리를 만들던 곳인 침방의 나인들을 맡아서 관리하는 책임을 가진 상궁들이다. 영화나 드라마에서 왕과 왕비의 곁에서 옷 매무새를 손질해주고 옷을 입혀주는 등의 일을 하던 이들이 바로 침방 상궁들이다.

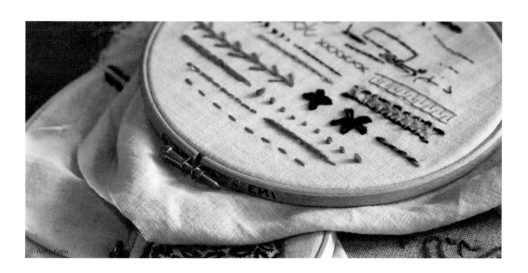
©Anna Kepa

　조선시대에 궁중이 아닌 곳에서 옷을 만드는 사람들을 통칭해
'침모'라고 불렀다. 풀어쓰자면 "남의 집에 속해서 바느질을 하고,
일정한 품삯을 받는 여자"라는 뜻이다. 지금은 디자이너라는
직업이 예술가이자 또 성공한 사업가로서 크게 각광받고 있지만
이때만 해도 '사농공상'이라는 조선의 사회제도 때문에 전문
직업의 개념은 고사하고, 계급적으로 멸시를 받는 이들이 바로
침모들이었다.

　또 신을 만들던 이들의 직업은 따로 '갓바치'라는 이름을 두고
불렸다. 이들 직업은 다양한 대중문화 코드에 자주 소환되고
있는데, 가령 홍명희의 〈임꺽정〉, 영화 〈황진이〉 등등 각종
영화와 드라마에서 이 직업을 관심 있게 다루고 있다.

　갓바치란 한 마디로 가죽으로 신을 만들던 사람을 뜻한다. 조선
시대에 목이 있는 신발은 '화'라고 불렸고, 목이 없는 신발은
'혜'라고 불렸는데 화혜장은 화와 혜를 만드는 장인이라는
뜻이었다.

　당시로서는 천대받았을지 몰라도 이들은 모두 그 당시에나
지금에나 소중한 문화적 가치를 인정받아야 할 인재들이다.
현재까지 알려진 유명 갓바치 중에 황해봉씨 일가가 그 재능과
문화적 가치를 인정받은 것이 그 대표적 사례라 하겠다.

　황해봉씨의 집안은 대대로 갓바치였다. 그의 할아버지
황한갑옹은 1973년 무형문화재 37호 화장 기능 보유자로
지정받았고 2003년에는 황해봉씨가 무형문화재 11호
화혜장으로 지정받아 가업을 인정받게 되었다.

황해봉씨는 자신의 할아버지가 고종 황제의 평상화를 만들었으며, 고조부와 증조부는 순종 혹은 철종 연간에서 신을 짓던 사람이었다고 기록상 추정된다고 말했다. 그의 본적은 인사동인데, 궁궐과 가까운 이곳에서 장인들이 살며 왕의 신발을 만들었다고 한다.

최근에 전통 화혜는 특별한 날의 의례용 신발로만 쓰이고 있다. 폐백에 남자는 목화, 여자는 당혜나 수혜를 신고 한복 파티에는 태사혜를 신는 것이 요즘 풍속이다.

이처럼 옛날에 전통적인 옷과 신발을 만들던 디자이너들이 있었다면, 현대적인 의미에서의 디자이너 역사도 찾아볼 수 있을 것이다.

디자이너 노라노는 패션이라는 단어조차 생소하던 한국에서 최초의 패션쇼를 개최한 디자이너이다.

그녀는 경기여자고등학교를 졸업하고 1947년 미국으로 건너가 '프랭크 왜곤 테크니컬 컬리지'를 졸업한 비교적 교육 수준이 높은 여성이었다. 귀국한 그녀는 한국 전쟁이 한창이던 1950년 서울 명동에 '노라 노의 집'을 열어 패션 사업을 시작했다. 이후 프랑스 파리로 건너가 '아카데미 줄리앙 아트 스쿨'에서 다시 공부를 이어나갔고, 1956년 서울 반도호텔에서 대한민국 최초의 패션쇼를 열었다.

이 '최초의 패션쇼'는 100% 대한민국 기술 사용과 처음으로 대한민국 내에서 생산된 모직 원단 사용 등으로도 의미가 컸다. 1959년 미국 캘리포니아 주 롱비치의 미스 유니버스 대회에서 의상상을 수상했으며, 1965년 하와이에서 최초로 해외 패션쇼를 개최하며 브랜드 수출을 시작하기도 했다. 1966년 대한민국 최초의 기성복 패션쇼를 열었고, 이후 프랑스와 미국에서 패션 디자이너로서 다양한 활동을 하였다.

노라노의 인생은 한마디로 대한민국 패션의 최초라고 붙일 수 있는 모든 사건과 함께였다. 최초의 디자이너이자, 최초의 패션쇼 개최자였으며, 최초로 미국 백화점에 입점한 국내 디자이너이기도 했고, 〈보그〉의 잡지

노라노 디자이너

한국의 최초 패션디자이너이며, 1967년에 윤복희의 미니스커트를 디자인해서 큰 화제가 되었다.

표지를 장식한 최초의 인물이기도 했다.

샤넬이 여성복의 일대 혁명을 일으키며 실용성과 활동성을 강조한 검은 색을 유행시켰는데 노라노 역시 같은 이유로 검은 복장을 즐겨 입었다고 한다. 즉 바쁠 때 색깔을 통일하면 신경을 덜 써도 되고, 특히 검은 색은 여성의 자립과 독립, 일을 계속할 수 있는 용기를 보여주는 색이라고 그녀는 굳건히 믿었기 때문이다.

노라노가 패션 디자이너로서 살아온 역사는 한국의 여성 권익 신장과 맞닿아 있다. 서양 복식인 양장이 허영과 사치로 생각되던 그 시절, 노라노는 여성복을 표준화해 누구든 쉽게 양장점에 들러 자신에게 맞는 옷을 살 수 있도록 사회 풍토를 바꾸는 데 앞장섰다.

또한 해방 직후 일하는 여성들이 늘어났는데, 그만큼 경제적 여유가 생긴 여성을 더욱 당당하고 돋보이게 할 수 있는 옷을 만들었다. 그는 맞춤복, 양장복을 가리지 않고 언제 어디서 입어도 여성스러우면서도 자신감 넘치는 분위기를 낼 수 있는 옷을 만들었던 것이다.

1985년 세계적인 패션잡지인 보그지 커버를 장식한 노라노가 디자인한 옷

1956년 반도 호텔에서 개최된 한국 최초의 패션 쇼 모습

유명 패션 디자이너들의 삶

패션은 상품으로 그 존재를 알리기도 하지만 그 창조자인 디자이너의 이름만으로도 소비자와 시장을 울리는 힘이 있는 분야이기도 하다. 디자이너의 이름을 딴 패션 브랜드가 출시되기도 전에 예약자들로 성황을 이루는 이유도 그 때문이다.

그렇다면 그렇게 유명세를 떨치는 패션 디자이너들은 누가 있을까.

먼저 여성 명품으로 꼽을 수 있는 '샤넬'의 수석 디자이너 칼 라거펠트를 이야기해볼 수 있다. 1933년 9월 10일 독일의 북부에 놓인 도시 함부르크에서 태어난 그는 연유 사업을 하던 아버지의 영향으로 비교적 부유한 환경에서 자라날 수 있었다. 라거펠트의 삶을 집요하게 추적해 저서를 남긴 알리시아 드레이크에 의하면, 그는 어려서부터 드로잉에 뛰어났고 친구들과 어울리기보다 혼자 책을 읽고 공상을 즐겼으며 예술과 옷에 지대한 관심을 드러내었다고 한다.

1952년 프랑스로 이주한 뒤 그의 패션 역사의 한 획이 그어지게 된다. 1954년, 국제 양모사무국 콘테스트에서 코트 부문 1등을

수상하면서 파리 패션계에 입문하게 된 것이다. 그 일을 계기로
1955년부터 피에르 발맹 하우스에서 견습 디자이너로 일하게
되었고, 3년 후에는 장 파투로 자리를 옮겨 5년 간 쿠튀르
컬렉션을 진행하는 등 패션계에서 이력을 쌓아갔다.

그러나 라거펠트는 보수적이고 느린 변화를 추구하는 파리
쿠튀르 세계에 대해 점차 염증을 느꼈고, 결국 1963년 프리랜서
디자이너로서 독립해 자신의 비즈니스를 시작하였다. 이는 같은
경연대회에서 드레스 부문 1등을 차지하며 비슷한 시기에
쿠튀르에 입문해 디오르의 천재적 계승자로 부상한 이브 생
로랑과는 완전히 대조적인 행보였다.

1961년 자신의 쿠튀르 하우스를 설립하게 된 이브 생 로랑과
달리 칼 라거펠트는 파리 패션계의 아웃사이더로서 마리오
발렌티노, 크리지아, 찰스 주르당, 슈퍼마켓 체인점 모노프리 등
다양한 브랜드를 위해 온갖 디자인을 제공하면서 디자이너로서
자신의 가능성을 모색하였다.

이후 라거펠트는 당시 쿠튀리에보다 한 등급 낮게 평가 받던
기성복 디자이너로서 활동하기 위해 당대 패션의 최고급이라

취급받던 취향들과 결별하게 된다. 라거펠트의 과감하면서도 새로운 이런 선택은 오히려 젊은 세대의 취향과 교감하고, 급작스럽게 변화하는 패션의 변화에 적응하는 순발력을 습득할 수 있게 해주었다.

이러한 노력은 서서히 의미 있는 결과로 이어졌다. 라거펠트는 1964년부터 끌로에라는 브랜드에 합류해 수석디자이너로서 활동했고 브랜드의 성공을 이끌었다. 이른바 잘 팔리는 컬렉션을 만드는 디자이너로 인정받기 시작했던 것이다.

1972년 무렵 끌로에 컬렉션은 패션계와 미디어의 주목을 받으며 온갖 헤드라인을 거머쥐게 되었고, 이와 같은 인기의 핵심 인력인 라거펠트 역시 현대 패션을 이끌어가는 디자이너로서 국제적 명성을 얻게 되었다. 끌로에와 라거펠트의 관계는 그가 샤넬로 옮기기 전까지 20년간 지속되었고, 9년간의 공백 후 1992년부터 1997년에도 이어졌을 정도로 끈끈하게 유지되었다.

1982년 9월, 칼 라거펠트와 샤넬의 만남은 대대적으로 보도되었다. 독일인이자 기성복 디자이너라는 라거펠트의 정체성에 대해 부정적인 견해가 거센 반발로까지 이어졌지만, 그의 샤넬 입성은 결국 이뤄졌다.

약 백여 년 동안 패션의 변화를 이끌어 온 파리의 위엄과 힘은 1970년대를 거치며 수익은 물론 트렌드 측면에서마저 크게 약해졌고, 이들은 생존을 위해 세상의 변화를 받아들여야 했다. 이에 샤넬의 소유주들은 샤넬 하우스에도 새로운 시대에 어울리는 적극적인 변화와 혁신이 필요함을 직시했고 칼 라거펠트를 적임자로 판단, 그를 영입할 수밖에 없었던 것이다.

이후 그의 역량은 곧 샤넬의 브랜드 가치였다고 해도 과언이 아니다. 1983년 1월 샤넬 오트 쿠튀르 컬렉션 데뷔 무대를 통해 칼 라거펠트는 죽은 샤넬을 환생시켰다는 평가를 이끌어냈으며, 샤넬의 근본정신을 계승하되 동시대의 새로운 취향을 가미하여 샤넬에 새로운 생명력을 부여했다는 평가를 받았다.

라거펠트에 의해 샤넬의 오랜 클래식 아이템들은 대중문화와 더불어 거리의 요소들과 섞여들 수 있었으며 고상하고 우아한 샤넬 특유의 브랜드 가치가 젊고 캐주얼하게 변화하게 된 계기가 되기도 했다.

그의 역량은 단지 패션계에만 머무르지 않고 혁신적인 비즈니스 모델로서 자신의 가치를 높이는 데에서도 뛰어났다. 세계 최초로 자신을 '크리에이티브 디렉터(Creative Director)'라는 직함으로 부르기 시작했으며, 오늘날 구찌, 톰 포드 등의 유명 디자이너들이 그의 뒤를 따라 그러한 직함을 사용하고 있다.

고품격 명품이 아닌, 거리의 디자이너로서 기성복을 만들던 그는 80세의 노장이 된 지금까지도 세계적인 디자이너이자 최고의 명품을, 최고의 유행을 만들어내는 크리에이티브 디렉터로 평가받고 있다.

샤넬에 수석 디자이너 칼 라거펠트가 있다면, 한국에도 그에 못지않은 이력의 소유자가 있다. 바로 최범석이다. 홍대 앞 노점상과 동대문을 거쳐 세계적인 디자이너로 명성을 떨치고 있는 디자이너로서 그의 이력은 놀랍기만 하다.

특히 2014년 F/W 뉴욕 제너럴 아이디어 컬렉션에서 '건축'이라는 테마를 보여준 그의 제품들에 국내외 바이어들은 큰 호평과 찬사를 보냈다. 최범석의 쇼가 끝난 후 미국의 대표신문 뉴욕타임즈는 '최범석의 2014 F/W 제너럴 아이디어 뉴욕컬렉션은 뉴욕 최고의 쇼였다.'라고 말하기도 했다.

제너럴 아이디어라는 브랜드는 최범석이 젊은 시절 동대문 옷장사를 하던 시절부터 시작해 끈기와 노력으로 일궈낸 브랜드다. 즉, 그가 동대문 시절부터 처음 론칭(launching)한 브랜드라고 할 수 있다. 최범석 디자이너의 작품은 주로 젊은 층에게서 많은 사랑을 받고 있는데, 자신의 브랜드 제너럴

아이디어가 젊은 층이 쉽게 사 입기엔 조금 부담이 되는 가격으로 평가 받자, 세컨 브랜드로 w.dressroom을 론칭하기도 했다.

이미 세계적 디자이너들과 이름을 나란히 하고 있는 그의 학력은 중졸이다. TV의 토크쇼에 출연해 자신의 성공 스토리를 밝히던 최범석은 "이 자리에서 처음 밝히는 것인데 사실 난 중졸이다"라고 고백해 관객들을 깜짝 놀라게 했다.

최범석의 아버지는 자신의 아들을 고등학교에 보내지 못한 것을 여전히 후회하고, 더 큰 사람이 될 수도 있었다며 미안해하지만, 최범석의 생각은 달랐다. 그는 "그렇지 않다. 그래서 지금의 내가 있다."며 자신의 학력에 개의치 않는다고 했다. 학력이 아닌 '그 안에 사람이 중요하다'고 그는 보는 이들에게 강조하곤 한다.

이러한 자신감과 긍정적인 사고방식은 아주 오래전, 그가 패션 산업을 시작할 때부터 함께하고 있었다. 고등학교를 중퇴하고 홍대에서 좌판을 펴놓고 장사를 시작할 때도, 학력과 경력 한줄 없이 서울컬렉션 무대에 섰을 때도, 대뜸 뉴욕으로 진출한 그때도 항상 그는 당당했다. 그는 자기 자신이 스스로 무엇이든 할 수 있고, 무엇이든 될 수 있다는 믿음을 잃지 않았다고 한다.

이렇듯 자유롭고 유연한 사고방식 때문인지 최범석은 경계도, 국경도 없는 콜라보레이션 활동으로 유명하다. 각종 의류 및 패션 브랜드 뿐만 아니라 캐리어, 화장품 패키지, 디지털 제품 마케팅 등 그는 자신의 아이디어가 접목될 수 있는 분야라면 도전을 마다하지 않는다. 도전이 곧 그의 아이디어를 떠받치는 원천이 되기 때문이다.

이렇듯 유연하고 천재적인 디자이너이지만, 그는 성실하기까지 하다. 그는 새로운 브랜드와의 협업 일정이 결정되면 현장으로 나가 '관찰'을 통한 리서치를 시작한다고 한다. 시장이 어떻게 형성되는지 보고, 고객들의 요구를 파악하려는 것이다.

그의 인생 전환점인 뉴욕컬렉션 진출 때도 준비과정은 다를 바 없었다. 뉴욕의 번화가에 가서 사람들 옷 입은 것을 일일이 기록한 그는 인종, 나이, 성별로 나눠 사람들의 옷 입은 양상을 분석한 뒤 뉴요커의 취향을 찾아내려 애썼다. 그렇게 찾아낸 트렌드와 소비자들의 요구에 자신만의 개성을 더해서 최범석의 컬렉션을 완성할 수 있었다, 결국 그의 방식은 세계적으로 통할 수 있다는 것을 증명해낸 셈이었다.

현재 그는 패션 관련 학생들을 가르치는 교수로도 활동하고 있다. 고등학교 중퇴자인 그가 자신의 이력에서 최고의 실력을 보여준 뒤 이제는 후배들을 양성하는 일에도 뛰어들어 한국에서도 세계적인 디자이너들을 키워내겠다는 포부를 기르고 있는 것이다.

우리나라 패션의 발전 경향(복식사 & 동대문 문화)

우리 민족을 '백의민족'이라고 부르는 것을 한 번쯤은
들어보았을 것이다. 소박하고, 단아한 백색 의복을 즐겨 입고
흰색을 숭상한 민족이라는 의미였지만, 어느덧 화려하고 다양한
옷을 즐겨 입는 요즘의 우리 경향은 백의민족이라는 말과는
거리가 생겨난 것도 같다.

앞서 잠깐 언급한 것처럼 서양의 문물이 본격적으로 도입되기
전까지 우리의 패션이랄 수 있는 전통 복식은 '한복'이었다.
그러나 갑신정변, 갑오경장, 을미사변 등의 일대의 사건들을 통한
개혁과 개방을 거치면서 의복에도 혁신적인 변화가 일어나기
시작했다.

궁중은 물론 서민들도 한복 특유의 복잡한 양식의 복식을
간소화하기 시작했고, 문관과 무관의 의복은 흑색으로
통일되었다.

그러던 중 1895년 단발령이 시행되면서 상투를 틀던 전통이
폐지되자 의복도 역시 간소해질 수밖에 없었다. 조정 대신들은
한복으로 통일되었던 관복 대신 양복을 입게 되었고, 고종 황제
역시 코트와 실크 모자 차림의 대례복을 입게 되었다.
일상복으로서 한복이 아닌 서양식 복식이 보편화된 일대
변혁기가 바로 이 무렵이다.

군복도 사정은 다르지 않았다. 신식화된 군복을 입은 군인들은
머리 역시 짧게 다듬고, 양복을 입었다. 이때 우리나라에서
처음으로 양복을 입은 사람이 바로 '서광범'이다.

서광범은 조선 말기의 정치인으로 양반의 자제였다. 어린
시절부터 일본, 미국, 유럽 등에서 유학하며 선진 문물을 접했고,
근대 사상에 열중해 있었다. 그는 수구정권을 타도하고, 근대화된
정책을 수립하기 위해 갑신정변을 일으켰으나 결국 실패로
돌아가 망명 생활을 하기도 했다. 젊은 정치인으로서 국가를
근대화하기 위해 앞장섰으나, 급작스럽고 미숙했던 정변 실패로
결국 좌절의 삶을 살았던 그는 해임이 되자마자 폐병이 악화되어

죽었다.

　정치인으로서 양복을 입고 생활하고자 했던 것 역시 대단한 정책의 실현에 앞서, 개인이자 생활인로서 근대화에 앞장서고자 했던 그의 의지의 표현이었을 것이다.

　그러나 그의 근대화 노력이 아주 헛되지만은 않았다. 시간은 점차 흘러갔고 근대화를 주장하던 관료들과 외교관들의 주요 복장이었던 양복은 서서히 민간으로 전해졌으며 특히 도시의 젊은이들에게 큰 각광을 받기 시작했다.

　한복에 비해 활동성이 좋고, 신식 문물에 따른 세련미가 도시인들에게 양복에 대한 호감을 불러일으켰기 때문이다.

　그렇다면 우리나라 최초로 양장을 입은 여성은 누구였을까. 바로 '윤고려'라는 여인이다.

　그녀는 개화기 시대에 '모던걸'로 불리우던 신여성이었다. 1891년에 태어난 그녀는 깨어있던 아버지 덕분에 미국으로 이주해 미국의 워싱턴 여학교를 마치고 일본 도쿄에서도 유학할 만큼 남성 못지않은 교육을 받았고, 귀국 후에는 양심여자학교 등을 설립 교육사업에 전념하기도 했다. 현대식 교육과 문물을

한껏 누렸던 그녀가 한국으로 귀국 후에 양장차림으로 다녔던
것이 큰 반향을 불러일으켜 신여성들 사이에 차츰 양장이 인기를
얻기 시작했다.

그럼에도 불구하고 여성들의 양장은 남성들만큼 파급력이
크진 않았다. 보수적이고 유교적인 사상 아래 사회 진출마저 일부
신여성들만의 문화였던 당시 사회 분위기의 영향에 따라
여성들은 여전히 한복을 개량한, 가령 통치마에 긴 저고리를 입어
활동성을 높였다.

그러나 일제시대가 도래하며 패션세계도 일제의 통제를 받는
영역중 하나가 되었다. 일본은 백의민족으로 불리던 한국의
전통성을 부정하고자 한복 착용을 금지시키고, 여성들에게
'몸빼바지'를 보급 시켰다. 요즘의 전통 시장에서 판매하는
일바지가 바로 이때의 잔재인 셈인데, 일제시대에는 우리 민족의
정신을 말살하고, 전시사회의 급박한 분위기를 고조시키기 위해
몸빼바지를 입도록 했다고 한다. 이때 실용성이 추가된 몸빼바지
외에도 간단복이라고 불리던 일상복이 보급되었으며,
1920년대에는 속옷까지 개량되었고 양말과 고무신이 탄생,
보급되었다.

1930년이 되면서부터는 쓰개치마라고 불리던 여성들의 쓰개가
완전히 사라졌다. 또 1930년대 패션계의 한 역사라면, 양장 패션
교육의 시발점인 함흥양재학원의 출범이다.

'최경자'에 의해 설립된 함흥양재학원은 국제복장학원으로
이름이 바뀔 때까지 국내 패션교육의 선두를 달리며 인재들을
배출해냈다. 이 때 교육을 받은 디자이너들이 유명한 앙드레 김,
이신우, 루비나, 오은환 등이다.

최경자는 1964년엔 국내 최초로 패션모델을 양성하는
차밍스쿨을 설립하기도 했고, 1968년에는 최초의 패션 월간지
〈의상〉을 창간해 한국 패션계의 거목으로서 그 입지를 굳건히
했다.

이후 독립과 한국전쟁을 거치며 일제에 의해 통제되었던 문화에 대한 반발로 한복을 다시 입기도 하였으나, 다시 미군에 의해 들어온 구호품이나 의복 등 때문에 양복이 보급복으로 자리 잡게 되었다. 물자가 부족한 가운데 미군에서 버리는 군복을 염색하거나 수선해 입는 구제 스타일도 유행했다.

가난한 이들은 여전히 가난했지만, 상류층들의 패션문화는 또 사정이 달랐다. 고급원단으로 만들어진 맞춤옷을 입는 것이 그 시절 상류층 여성들의 문화였으며, 상류층 남성들 역시 마카오 신사라고 칭해질 만큼 마카오에서 수입된 원단으로 지은 양복을 입으면 최고의 멋쟁이로 통하기도 했다.

1953년 이후부터는 나일론의 수입 덕분에 옷은 물론 속옷에도 일대 변혁이 있었다. 속옷에도 나일론이 사용되면서 질기고 별다른 손질 없이 세탁해 입을 수 있는 속옷과 옷이 대유행하기 시작했다. 결국 나일론의 보급은 한국 섬유산업을 활성화하면서 한복을 더 이상 일상복이 아닌 예복으로 입는 특별한 옷으로 자리매김 하게 했다.

섬유산업의 발전과 함께 다양한 옷이 생산될 수 있게 되자,

© Avesun

이와 관련된 직업군도 늘어나 패션디자이너 단체가 최초로
결성되기도 하였다. 또 대한민국 최초로 패션쇼가 열린 시기도 이
무렵이다.

이후 1970년대부터는 패션이 다양한 시도로 변화하고,
유행하면서 여러 가지 옷들이 등장하기 시작했다. 특히 옷을 그저
기능적으로 입던 과거에서 벗어나, 자신의 개성을 표현하고
아름다움을 추구하는 것으로 받아들이기 시작한 이 무렵부터는
대중문화와 접목해 스타의 패션 감각을 닮으려는 이들의 요구가
패션 시장에도 반영되었다.

가령 영화 '사브리나'에서 오드리 헵번이 입고 나왔던
맘보바지가 젊은이들 사이에서 크게 유행 하였으며, 1967년엔
가수 윤복희가 입은 미니스커트가 폭발적인 인기를 끌었다.
재미있게도 요즘에는 전혀 문제가 없는 이 미니스커트는 당시만
해도 미풍양속을 저해한다는 이유로 단속의 대상이 되어야 했다.

또 1970년대는 선글라스와, 머리 수건 등의 다양한 패션
소품을 통해 요즘과 다를 것 없이 다양한 아이템을 착용하는
멋쟁이들이 늘어났으며 이러한 배경에는 생맥주와 통기타,

©sangkhom sangkakam

청바지로 대변되는 청년문화가 등장했기 때문이었다.

　청바지의 착용감이 주는 편안하고 활동적인 느낌이
사고방식과 문화에까지 퍼져나가 남녀를 가리지 않고 청년들은
새로운 패션 문화를 형성해나갔다.

　1980년대는 대한민국 패션산업의 도약기로, 그동안 개인이
운영하는 '부티크'와 '살롱'에서 벗어나 기성복산업 시대가
열렸다. 1983년 발표된 교복자율화를 기점으로 청소년
패션(신세대의 등장)을 중심으로 발전하였으며, 1986년 아시안
게임과 1988년 서울올림픽을 계기로 해외여행과 수입의
자유화가 시작되어, 더욱더 감각적이고 개성을 중시한
패션문화가 형성되었다.

　특히 이때의 여성복은 아주 재미있는데 남성미를 강조한
'매니시룩'을 바탕으로 어깨 패드를 강조한 정장 스타일이
유행했다. 여성의 사회진출이 늘어나면서 전문적이고 이지적인
이미지를 강조하는 옷들이 유행할 수 있었던 것으로 추측된다. 또
폭발적인 경제성장과 함께 컬러TV 시대의 도래와 여성교양지 및
패션잡지의 대거출현이 패션의 다양화를 불러 일으켰다. 90년대

들어와서는 서태지로 대표되는 '힙합패션'이 등장하였으며,
복고풍 패션의 유행하기도 했는가하면 속옷처럼 보이는 노출이
많은 옷들도 유행하였다. 이른바 너도 나도 내 개성대로 입는
시대가 도래한 셈이었다.

　이후로는 더 이상 늘어날 수가 없다고 여겨질 만큼 손쉽게 패션
아이템을 구매하는 시장 환경과 대형 기업들의 패션 산업 진출,
또 세계적인 디자이너가 한국에서도 탄생해 패션쇼를 여는 등
한국의 패션 산업은 뉴욕이나 파리의 전성기처럼 여전히 성장과
변화를 거듭하며 확장되어가고 있다고 볼 수 있다.

　요약하자면 결국 최근, 2000년대 이후 우리나라 패션은 동대문
패션타운이 패션산업에서 중추적인 역할을 하게 되고, 인터넷
문화의 정착으로 온라인 판매가 폭발적으로 성장하면서, 옷은
입어보고 구입한다는 고정관념에서 벗어나게 되었다.

　또, 2002년 월드컵 등 세계적으로 굵직한 행사를 성공적으로
치러내면서, 세계적으로 한국의 이미지를 널리 홍보하는 계기가
되었고, 최근에는 전 세계에 울려 퍼지는 싸이의 '강남스타일'로
한국이 재조명되어, 의상 또한 주목을 받아 세계시장 속에서
한국의 의류 문화도 시장성을 인정받고 있다고 할 수 있다.

 우리나라 의류산업 현황

우리나라 패션 시장 규모는 날로 커지고 있으며 2020년
기준으로 볼 때 연간 40조 3,228억 원에 달하는 대단한 시장을
가지고 있다.

이 40조가 넘는 패션 시장에서 가장 많은 비중을 차지하고
있는 의류는 캐쥬얼복이며 전체 시장의 39%를 장악하고 있다. 그
다음이 스포츠 분야로 15%이고 이어서 남성복과 여성복이 각각
10%와 7%,이다. 유아동복은 가장 낮은 비중으로 5%를 차지하고
있는 것으로 나타났다.

의류산업의 특성

■ 고부가가치산업

의류산업은 동일한 소재로 만들더라도 디자인에 따라 가격이
천차만별로 달라질 수 있는 산업이다. 그래서 디자인 여하에
따라 막대한 부가가치를 만들어 낼 수 있는 첨단 문화
산업이라고 할 수있다.

■ 지식정보산업

의류산업은 실과 직물을 만드는 제사·직조라는 기술적 산업을
바탕으로 섬유디자인이나 패션 디자인이라는 예술성을 첨가한
산업인데 이를 위한 시대적 사회적 환경 분석 및 대상 별
트렌드에 대한 민감한 감각이 녹아들어야 한다.
즉 감성적 능력을 매개로하여 기술과 예술을 결합시켜 나가는
산업이다.

■ 예술융합산업

의류산업은 예술이라는 심미적 지식을 순수예술의 영역에서
생활의 영역으로 끌어들인 예술융합산업이다.
특히 문화 수준이 높은 현대 사회에서 의류는 기능적인 차원을
벗어나 개성을 표현하고 자신의 의지를 대외적으로 표방하는
수단으로서의 역할을 가지고 있기에 의류산업은 현대
생활예술산업이라고 해도 무방할 것이다.

■ 중소기업형산업

의류산업은 직조산업과 달라서 일반 공산품처럼 대량
생산하여 원가로 경쟁하는 분야가 아니다. 의류는 말한 것처럼
개성의 상징이기 때문에 그리고 시대적 환경적 분위기를
반영하는 유행성 산업이기 때문에 대량 생산이 적합하지 않는
산업분야이다. 수시로 바뀌고 계절마다 바뀌는 의류를 초대형
회사들의 생산라인은 따라 갈 수가 없다.

그래서 소수만을 위한 고부가가치산업이 바로 의류산업이라
할 수 있다.

■ 유행성산업
의류는 소비자의 개성이나 의지를 표현하는 상징물이기도
하기에 소비자의 기호와 감성의 변화에 민감하게 대처하여야
한다. 그래서 어느 상품보다도 의류는 유행을 쫓아가는
산업이라고 하겠다. 외국의 패션 유행이나 유명인의 패션 등에
의료업계가 주목하는 이유이다.

의류산업의 구조

섬유산업 –> 섬유디자인 –> 직물생산 –> 패션디자인
–> 의류생산 –> 패션유통업체 –> 소비자

　의류산업은 위에서 보는 것처럼 여러 단계를 거치지만 모든
산업이 대개 그러하듯이 만드는 제조업체와 이를 소비자에게
공급하는 판매업체로 크게 나누어 볼 수 있다.

　■ 제조업체
제조업체는 말 그대로 옷을 만드는 곳인데 자체적으로 공장을
가지고 옷을 제작 생산하는 회사가 있는가 하면 디자인만 하고
제작과 관계되는 것은 다른 생산 공장에 맡겨서 처리하는
제조업체가 있다. 우리가 일반적으로 메이커라고 부르는
회사이다.
옷을 한 회사에서 디자인부터 생산까지 다 하는 경우도 있지만
필요에 따라서는 메이커들의 주문을 받아 옷을 대신
제작하거나, 일의 마무리를 함께 해주는 협력업체들도 있으며
아예 처음부터 메이커들의 컨셉에 맞추어 자체적으로
디자인을 개발하여 메이커들에게 제시하고 선택이 되면
생산하여 납품하는 프로모션업체도 있다.

■ 판매업체

의류를 판매하는 다양한 브랜드업체들이 있는데 소형 전문
부티크(고급 의상이나 특별한 의상만을 취급하는 의류판매점)나 일반
시장 의류 도·소매 가게, 백화점, 대형 할인유통체인점, 인터넷
쇼핑몰, 통신판매, 모바일, 소셜커머스 등이 의류
판매처들이다.

판매업을 하는 사람 역시 의상에 대한 감각이 필수적이다.
의류산업이 유행에 민감하다보니 유행 감각에 뒤지면 제대로
수익을 올릴 수 없다.

의류는 고부가가치 지식정보 상품이다 보니 유행에 맞으면
수익을 많이 남기지만 유행에 맞지 않으면 옷을 만들 때 사용된
섬유 값도 제대로 받을 수 없는 변덕쟁이 상품이라는 것을
알아야 한다.

우리나라 섬유산업 현황(2019년 기준)

■ 생산업체 : 44,931개, 종사자 : 268,918명
생산액 : 37,887(단위: 십억원), 수출 : 129억불

■ 우리나라는 세계 8위의 섬유 수출국가이고 세계 4위의 섬유 생산 기
술을 가지고 있음

■ 방직산업은 천을 만드는 산업이며 의류산업은 만들어진 천을 활용하
여 옷을 만드는 산업이다. 섬유산업이라 하면 방직산업과 의류산업을
합친 것을 말한다.

Part Two

Who & What

© Look Studio

상품기획 -> 디자인 -> 샘플지시서 -> 디자인패턴 -> 샘플제작 ->
수정보완 -> 작업지시서 -> 패턴작업 -> 그레이딩작업 -> 마커작업
-> 연단 -> 재단 -> 봉제 -> 다림질 -> 검사 -> 포장

의상은 일반적으로 다음과 같은 과정을 거쳐 만들어진다.

■ 상품 기획
시장을 조사하고 최근의 트렌드를 분석하여 어떤 의상을,
누구를 주 고객으로 하여, 어느 시점에 출시할 것인가, 생산은
어느 정도하며, 가격은 얼마정도로 하는 것이 적절할까 등등을
정하는 것을 말한다.

■ 디자인
패션 디자인을 말한다. 상품의 기획 의도에 맞게 의상을
디자인한다. 자체적으로 디자인을 하지만 필요할 경우

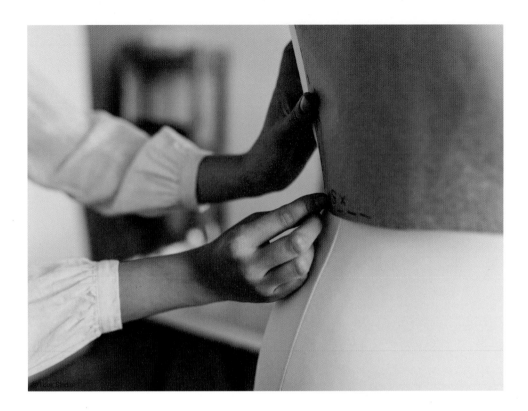

디자인을 다른 디자이너나 회사에 부탁하기도 한다.

■ 작업지시서(샘플)

디자인한 옷의 샘플을 만들기 위한 작업 지침서이다. 모양과
규격, 색깔, 천의 종류 등 옷의 기본적인 설계서라 할 수 있다.

■ 디자인 패턴

작업지시서에 따라 디자인 된 옷의 부분 부분을 정확하게
모양을 그리는 것을 패턴작업이라고 하며 이때 옷의 모든
구체적 형태가 결정된다. 옷의 부분 부분에 대한 설계도와
같다. 나중에 이 패턴을 바느질로 결합하면 디자인한 옷이
만들어진다.

■ 그레이딩 작업

옷을 대량 생산하는 기성복의 경우, 본을 뜰 때 사용하는 방법인데
표준 치수의 본을 하나 만든 다음 그것을 확대하거나 축소하여
여러 사이즈의 본을 만드는 작업을 그레이딩이라고 한다.

■ 마커

옷을 만드는 천을 디자인이 된 모양대로 잘라야 되는데 이때
옷감의 낭비를 최소화하고 옷의 문양이나 결을 살리면서
정확하게 작업을 해야 한다. 그래서 움직이는 천 대신에
움직이지 않는 종이 위에 디자인된 모양을 배치하여 작업을
효율적으로 하도록 한다. 이를 마커(maker) 공정이라고 한다.
즉 재단하려는 천과 같은 크기의 종이를 놓고 그 위에 각종
패턴을 배치하는데 이때 천의 무늬나 결에 조심하여
배치하여야 한다. 그래야만 옷을 만들어 놓았을 때 문양이
이상하지 않고 세탁했을 때 옷 모양이 틀어지지 않는다.
마커작업은 손으로도 하지만 요즈음은 컴퓨터를 사용하는
경향이 늘어나고 있다.
마커작업을 할 때는 큰 패턴부터 배치하고 그 여백에 작은
패턴을 배치하는 것이 천의 낭비를 줄인다.
마커 작업을 잘하고 못하고에 따라서 옷감의 양에 차이가 나기
때문에 효율적으로 마커 작업을 해야지만 옷의 원가를 줄일 수
있다.

■ 연단

기성복과 같은 경우에는 한 가지 디자인으로 많은 옷을
만들어야 하는데 옷 하나하나씩 재단을 해서 만들 수가 없다.
그래서 원단을 쌓아놓고 본을 대고 한꺼번에 자르는데 이때
원단을 아주 정확하게 쌓아야 잘라진 모양이 같아서 하자가
발생하지 않는다. 만일 원단이 접혀지거나 구겨진 부분이
있다면 잘랐을 때 모양이 변할 수 있어 사용할 수 없게 된다.
그래서 자를 원단을 아주 편편하게 구김이나 당김 없이
차곡차곡 쌓아야 한다.
이처럼 많은 천을 한꺼번에 패턴대로 자르기 위하여 연단대
위에 자를 천들을 평평하게 쌓는 것을 연단이라 하는데 이때
천에 힘을 주지 말아야 한다. 즉 천에 장력이 없도록 쌓아야
재단했을 때 모양이 변형 되지 않는다. 그리고 원단에 이상이
있는지 없는지도 이때 점검해야한다.

■ 재단

당김이나 구김이 없는 무장력 상태로 쌓인 원단 위에 패턴을
그린(마킹작업을 한) 마커지를 부착하여 이 모양대로 수동이나
자동 재단기로 자른다. 이때 패턴과 재단된 천의 모양이나
크기가 똑 같도록 정밀하게 작업해야 한다. 자칫 잘못되면
윗부분의 천과 아랫부분의 천 모양이 밀려서 달라질 수 있다.
그러면 사용하지 못하고 버려야 한다.

■ 봉제

패턴대로 재단된 천 조각을 재봉틀이나 바느질로 옷을 만드는
작업이다.

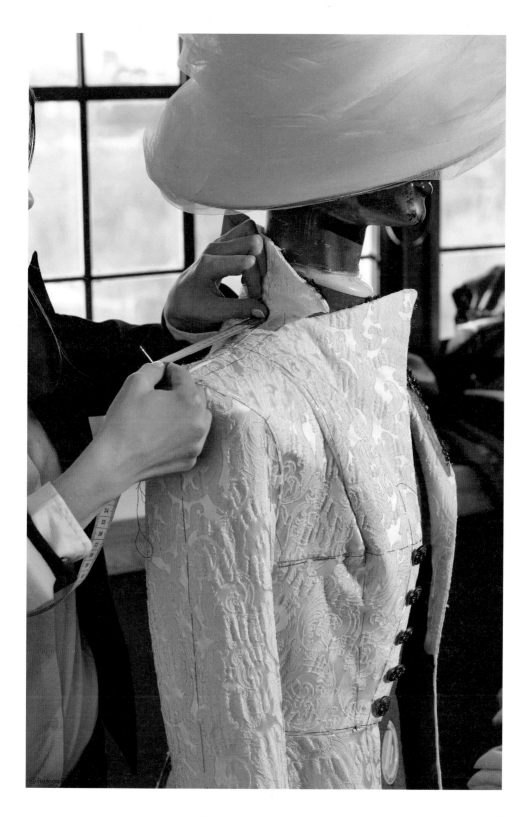

개인 브랜드 디자이너의 생활

개인 브랜드 디자이너 활동(패션 디자인 사업가)

패션 디자이너의 종류는 대형 패션회사에서 월급을 받는
직장인으로서 회사가 원하는 방향에 따라 디자인을 하는
직업인과 아티스트로서 옷을 매개체 삼아 자신의 고유한 세계를
표현하는 창작자로 나눠볼 수 있다.

자신의 이름을 내걸거나, 예술가로서 패션 디자인을 추구하는
이들의 면모를 살펴보자.

자신의 브랜드를 론칭(launching)하려면, 우선 자신이 하려는
디자인에 가장 근접한 디자이너 밑에서 일을 배워야 한다.
브랜드를 '론칭한다'는 말은 자신의 회사를 세운다는 듯이고,
작업실에서 옷을 그리기만 하면 되는 것이 아니라, 이제는 생산
경로와 판매망도 구축해야 하고, 생산과 판매, 매장 관리 등 모든

일에 관여하는 경영자가 되어야 한다는 뜻이다. 물론 자본이 아주
많은 상태라면, 자신은 디자인만 하고 다른 일들은 각 분야의
전문가를 기용하면 되겠지만 말이다.

컬렉션을 만드는 일 자체는 그렇게 어렵지 않다고 한다. 문제는
그 컬렉션을 어떠한 방법으로 보여 주고 어떤 경로를 통해 판매할
것이며, 어떤 마케팅 방식으로 어떤 고객층에 판매할지, 언제
수지 타산이 맞을지 등을 미리 계산해야 한다는 점이다. 왜냐하면
첫 컬렉션부터 이익이 발생하지 않을 가능성이 크기 때문에
치밀한 계획 없이는 오래 가지 못한다.

그렇다면 개인 샵, 즉 브랜드 매장은 어떻게 운영해야 할까.
일반적으로 매장을 운영하는 디자이너들의 모습을 설명하면
다음과 같다.

우선 개인 샵을 운영하면 원단부터 매장관리까지 할 일이 많다.
어떤 디자인을 할지, 신상품은 어떻게 기획해야할지 부터 매장
디스플레이, 옷 정리, 재고 확인과 온라인 쇼핑몰 관리까지
디자이너 1인 체제라면 이 모든 것을 한꺼번에 관리해야 한다.

대부분의 사람들은 디자이너는 옷만 디자인해서 만들면 되고
판매는 판매 직원에게 맡기면 되는 줄 안다. 백화점에서 유통되는
큰 브랜드라면 그렇지만 시장에서는 그게 생각처럼 되지 않는다.
판매 직원에게만 맡겨 두면 당장 매출이 눈에 보이게 떨어진다.
매출도 매출이지만 무엇보다 디자이너 스스로 판매하는 법을
알아야 한다. 일을 알고 사람을 고용하는 것과 일을 모르고
고용하는 것의 차이는 나기 마련이다. 또 디자이너가 직접 고객과
만나며 판매를 해 봐야 잘 나가는 스타일을 알 수 있다. 적어도
자기 브랜드로 장사를 하려면 판매 경험은 필수 과정이다.

결과적으로 자신만의 브랜드를 론칭하거나 또는 개인
창작활동을 하기 위해서는 기본적인 실력과 더불어 시장에서
소비자가 자신의 작품들을 찾아주어야 한다는 한계가 있다. 즉
개인 디자이너는 단순히 작품만 만들어서는 명성을 얻을 수도,

컬렉션(Collection)

옷을 만드는 회사나 디자이
너들의 새로운 의상 발표회
를 말하기도 하고, 또 이때
발표된 새로운 옷 전체를
뜻하기도 한다.

© DeryaDraws

브랜드 가치를 높일 수도 없는 셈이다. 발로 뛰면서 자신의
브랜드와 작품을 알려야 하고, 판매와 유통은 물론 패션쇼나
모델들과의 교류도 쉬지 않고 이어가야 하는 다소 힘든 과정이
기다리고 있는 셈이다.

물론 패션에 대한 기본기를 어디서 배우느냐에 따라 조금씩
다른 과정을 겪을 수는 있겠지만 기본적으로 패션에 대한 이해와
교육을 이수하는 것이 보통이며 그렇지 않은 길을 가기 위해선 또
다른 노력 가령, 소비자들의 마음을 사로잡을 수 있는 천재적인
재능이 담긴 작품을 내놓고 이를 포트폴리오로 만들거나 패션쇼
등을 열어 관심을 끄는 등의 시도가 있어야 하는데 이 또한
생각만큼 쉽지가 않다.

© Evgen,X

속옷 디자인

외출복이나 상·하의 등의 옷 이외에 패션 디자이너가 활동할 수 있는 분야가 있는데 바로 속옷 디자인 분야다.

속옷은 보이지 않는다고 해서 신경 쓰지 않을 것 같지만 의외로 많은 사람들이 속옷의 기능은 물론 디자인과 감성을 중요하게 생각한다. 따라서 속옷 분야에 있어서 디자이너의 역량 역시 중요할 수밖에 없다.

속옷 디자인이란 한마디로 소비자의 취향과 유행의 흐름을 분석하여 이에 맞는 스타일, 색상, 기능의 속옷을 설계하여 만드는 일을 말한다. 속옷은 피부를 보호하고 보온구실을 하는 위생속옷과 겉옷의 모양을 정리하여 체형의 결점을 보정하는 란제리와 같은 실용속옷으로 구분되는데 속옷 디자이너는 이 모든 분야에 걸쳐 디자인 작업을 한다.

이들은 기능과 소비자의 취향에 맞는 속옷을 만들기 위해 우선 시장조사를 통해 정보를 수집한다. 이 정보를 바탕으로 아이템을 결정하고 디자인하여 본을 뜨고, 견본의상을 만든다. 이를 마네킹에 입혀 가봉 및 수정작업을 한 다음 완성품이 나오면 품질을 검사한다.

이들은 직접 본을 만들고 그레이딩까지

한다는 점에서 따로 패턴실을 두고 일을 하는 의류디자이너와 차이가 있다. 속옷디자이너는 무엇보다도 기본적으로 디자인에 관한 지식을 갖추어야 하며, 소비자의 취향에 맞는 독창적인 제품을 개발할 수 있는 창의력이 요구되는 직업이다.

속옷디자이너가 되려면, 디자이너로서 전문적인 기량을 갖추기 위해 의상·의류학과를 전공하거나 혹은 사설 디자인학원에서 의상에 대한 체계적인 교육과 훈련을 받아야 한다.

© Kiryl Lis

애견 패션 디자인

요즘 각광받는 의상 디자인 분야 중에 애견인들을 위한 애견 의상 디자인 분야가 관심을 끌고 있다.

애완용 개에게 입힐 옷을 디자인 하는 것인데 예전에는 생각할 수 없었던 직업이다. 그러나 생활수준의 향상과 핵가족 및 독신인구의 증가로 애완용 동물시장이 급성장하고, 동시에 동물을 키우는 환경이 마당에서 실내로 바뀌면서 애완용 개를 위한 옷의 수요가 증가하는 사회적 추세를 반영한 새로운 디자인 영역이라고 하겠다.

애완용 개에게 입힐 옷을 만드는 과정도 사람의 옷을 만드는 과정과 크게 다를 바가 없다. 옷을 만들기 위해 개의 사이즈를 재고, 아이템을 결정하여 디자인을 한다. 그 다음 필요한 원단 및 부속품을 구입하여 견본옷을 만들어 이를 개의 마네킹 혹은 직접 애완동물에게 입혀보고, 수정을 한 후 최종 디자인을 확정하고 역시 그레이딩 작업을 거쳐 다양한 사이즈의 완성품을 만들게 된다.

다만 사람과 달리 애완동물은 털이 있기 때문에 털에 의해 발생할 수 있는 정전기, 피부병 등을 고려하여 면 소재의 원단을

사용하고, 입으로 물어뜯지 않을 부속품을 선택해야 하는 등 몇 가지 유의해야 할 부분이 있다는 점에서 약간의 차이가 날 뿐이다.

애견옷 디자이너는 의류와 의상에 대한 지식이 없으면 종사하기 힘든 분야이므로, 대학에서 의류나 의상에 대하여 배우지 않았다면 관련 교육기관을 통해 그 분야에 대한 기본지식을 익혀야 한다.

현재 활동하고 있는 대부분의 애견옷 디자이너는 의류학과 의상학을 전공한 사람들이다.

현재 한국에서 활동하고 있는 애견옷 디자이너의 수에 대한 통계자료는 없다. 이들은 보통 애견옷 전문점을 자영하거나 애견옷 전문점에 소속되어 일하고 있다. 사업 규모는 영세하지만, 자신만의 고유 브랜드를 가지고 옷을 디자인하고 있는 경우도 많으며, 소비자의 의뢰로 애완동물에게 어울리는 옷을 특수제작하기도 한다.

최근에는 주인과 애완동물과의 커플룩, 드라마 혹은 영화에 등장한 동물의 의상 등 다양한 아이템들이 온라인으로도 많이 판매되고 있다.

　이 분야에서 활동하는 디자이너는 브랜드 디자이너 즉 패션 기업의
브랜드 안에서 일하며 자신의 디자인 역량을 펼쳐내는 이들로
직장인이다. 이들은 창조적인 업무 역량이 필요하기도 하지만
무엇보다 브랜드를 달고 있는 기업의 이미지와, 매출 목표에 맞는
상품성 있는 작품을 만들어내는 능력이 요구된다.

　기업에서 일하는 디자이너의 역할은 또한 분할되어 있다. 한
사람이 자신의 정체성을 쏟아낸 작품을 만들어 제품을 만들고, 이를
시장에 내놓는 일은 극히 드물고 대부분 분업을 통해 하나의
디자인을 완성해 나가고, 이를 시장에 내놓게 된다. 이에 디자인
기업에서 일하는 패션 디자이너 및 그들과 함께 협업하는 이들의
업무 분야를 소개한다.

머천다이저(Merchandiser)

　상품화 계획 또는 상품 판매 기획을 전문적으로 하는 사람이다.
주로 패션계에서는 약자로 'MD'라고도 부르는 일이 많다.
상품이라는 의미인 'merchandise'에 'er'을 덧붙여 상품화 계획,
구입, 가공, 상품진열, 판매 등에 대한 결정권자 및 책임자를
뜻하는 단어로 사용되었다.
　머천다이저는 분야에 따라 일하는 내용이 다소 다른데
일반적으로 의류업체의 머천다이저는 다음 4개의 업무를
담당한다.

■ 정보 분석 업무 : 어떠한 제품(가격, 디자인, 브랜드)을 언제,
어느 정도, 어떻게 생산하면 좋을까를 계획하기 위해 시장
정보, 소비자 정보, 패션 정보, 판매실적 정보 및 관련 산업
정보 등을 분석한다.

■ 상품기획 업무 : 언제, 어떠한 소비자를 대상으로, 어떤
상품을, 어느 정도의 가격대로, 어떻게 생산하고 판매할
것인가에 대하여 구체적이고 명확한 계획을 세운다.

■ 생산 업무 : 생산에 필요한 여러 문제점들을 검토하고
효율적인 해결 방법을 미리 조사 연구한다.

■ 판매촉진 업무 : 판매원이나 영업 담당자들에게 상품의
특성과 장점을 알려주고 판매촉진계획을 세운다. 이에 비해
유통업(도 · 소매업)에서 머천다이저는 사업기획가로서 무엇을
사업할까라는 테마를 가지고 상품구색계획, 사업량, 사업방법,
사업처, 사업시기, 사업가격, 사업조건 등을 계획하는 업무를
수행한다.

관련자격으로는 한국산업인력공단에서 실시하는
패션머천다이징산업기사가 있다. 전문대학 졸업자(졸업예정자),
또는 관련분야 실무경력 2년 이상인 자 등이 응시할 수 있으며
필기시험과목은 패션마케팅, 패션소재기획, 유통관리 및 광고,
패션디자인론 및 의복구성학, 패션정보분석 등이다. 실기시험은
패션머천다이징 실무작업이다.

패턴 디자이너(모델리스트)

패션 디자이너의 아이디어를 제작 가능한 옷으로 만들어내는 이들이 있다.

긋는 선 하나, 찍는 점 하나가 옷 전체의 실루엣을 만들고 볼륨을 결정한다. 한 장의 원단이 옷이 될 수 있도록 실제 옷 제작에 대한 설계도를 만들어 패션 디자이너의 아이디어에 생명력을 불어넣는 작업을 하는 이들을 패턴 디자이너라고 한다.

집을 지으려면 설계도가 필요한 것처럼 한 벌의 옷을 위한 '의류 설계도'를 제도하는 사람이 바로 패턴 디자이너인 것이다.

이들은 패션 디자이너가 전달한 스케치와 작업 지시서를 확인하고 원단 특징을 파악해 깃, 손목, 어깨 등 신체 부위 별 옷의 패턴을 종이에 그리는 것이 이들의 주요 작업이다. 그래서 패턴 디자이너는 재봉 방식부터 부자재(패드, 심지, 단추 등)의 위치까지 결정한다.

패턴 디자이너는 패션 디자이너의 예술적 상상에 현실 감각을 더하는 조력자로서 착용감, 활동성 등 옷의 기본 덕목을 갖추어 주는 또 다른 디자이너라고 할 수 있다. 이런 이유로 외국 패션쇼 피날레에서는 패션 디자이너와 패턴 디자이너가 함께 인사를 할 만큼 옷의 전반에 대해 책임진다.

미적 감각과 손재주, 꼼꼼함도 기본이지만 패턴 디자이너의 가장 중요한 자질은 디자이너 못지않은 '창의력'이다.

한국에서 패션 디자이너는 통칭 '선생님'으로, 패턴 디자이너 즉 모델리스트는 '패턴사'로 불린다고 한다. 전자는 존칭의 일반화된 표현이며, 후자는 단순 기술직을 수행하는 직업인을 가리킨다.

의류산업계에서 모델리스트와 패션 디자이너는 실과 바늘의 관계와 같다.

그래서 모델리스트는 무엇보다도 패션 디자이너가 상상하고 원하는 것을 현실화 할 수 있도록 최대한 노력해야 한다. 패션 디자이너가 어떤 새로운 것을 찾거나 새로운 선을 원할 때 간혹

머릿속에서만 맴돌고 이를 그림으로 표현하기 힘든 경우가 있다.
때로는 디자이너가 정말 불가능한 것을 고집할 때도 있다. 하지만
모델리스트는 그래도 시도해 보고 정말 불가능하다고 결론이 날
때 서로 가능한 지점을 찾도록 하는 것이 바람직하다.

그래서 패션 디자이너들이 쇼핑을 하고 원단 전시회 등 새로운
것을 보러 다니는 것처럼 모델리스트도 그러한 준비 작업을 하여
패션의 현실적 감각을 갖추는 것이 무엇보다도 필요하다고
하겠다.

사실 모델리스트와 패션 디자이너는 서로 쉽게 친해질 수
없으나 일을 하기 위해서는 서로를 필요로 하는 관계라 할 수
있다.

패션 디자이너가 자신이 원하는 머릿속의 그 무엇을 옷으로
만들기 위해서 거쳐야 할 첫 단계가 모델리스트와의 소통이다.
소통은 상대방을 자신과 동등한 위치로 긍정할 때 이루어진다.
그만큼 이들 둘의 관계는 동전의 앞과 뒤처럼 밀접하다고 하겠다.

모델리스트는 디자이너가 그린 그림을 보면서 마네킹에
광목이나 원단을 대고 핀으로 꽂아 가면서 형태를 잡는다. 그것이

확정되면 광목을 받아서 종이로 본을 뜨는 부서로 넘기는데, 이때
종이본을 컴퓨터에 입력시키는 작업 시스템(렉트라, 제르베, 벳
그라프 등)을 이용한다.

렉트라는 생산에 들어가거나 사이즈를 전개할 때 보통
사용되는데, 요즘은 기계가 많이 발전해서 광목을 종이로 본뜨는
부서를 없애고 광목을 직접 컴퓨터에 입력시키는 회사가
많아졌다. 간단한 수선 작업은 컴퓨터로 진행하는 게 때로는 훨씬
빠르기도 하다. 그래서 요즘은 직원을 채용할 때 이런 시스템을
다룰 줄 아는 모델리스트를 선호한다.

패션의 꽃은 디자인이라고들 한다. 꽃을 피우기 위해 줄기와
뿌리는 누가 보든 말든 일 년 내내 열심이다. 그것들이 제 기능을
다 하지 못하면 꽃은 꽃으로 피어나지 못한다. 디자이너가
꽃이라면, 모델리스트는 줄기 정도일 듯하다. 튼튼한 줄기는
싱싱한 꽃을 담보한다. 인간의 눈으로 보면, 꽃이 식물의 모든
영광을 가져가지만, 꽃은 그 영광을 독식하지 않고 줄기와 잎,
뿌리 등과 나눌 것이다. 유능한 스태프가 없다면, 아무리 대단한
디자인이라도 옷으로 만들어질 수가 없는 것이다.

아제딘 알라이아, 이브 생 로랑처럼 모델리스트 출신의
디자이너들도 있다. 지금처럼 패션계 직종이 세분화되지 않았던
1940~1960년대에 활동했던 디자이너들은 모델리즘을 하면서
디자인을 했다. 지금도 경제적 여유가 있는 모델리스트들은
모델리스트로서 웬만큼 경험이 쌓이면 자신들의 회사를
운영하면서 두 가지를 병행하다가 디자이너로 전환하기도 한다.

한국에서 모델리스트는 대부분 남자들이다. 그러나
프랑스에서는 반대로 대부분이 여자들이다.

© Gorodenkoff

텍스타일 디자이너(직물 디자이너)

이들은 말 그대로 직물을 설계하는 사람들이다. 즉 옷감의
성분, 실의 색상과 종류, 조직의 형태, 무늬 등을 적절히 배합하여
디자인이 새로운 직물을 만들어 내는 일을 한다.

이들의 작업은 먼저 소비자의 취향, 생활 패턴, 유행의 흐름,
국가별 문화 등을 조사하고 분석하여 향후 유행할 천의 소재 및
색상, 문양 등의 디자인 요소를 예측하여 선정하는 것으로
시작한다. 그 다음 제품의 타깃을 설정하고, 아이템 방향을
설정하며, 개발 일정 작성 등을 하는데 이때 제품디자이너,
의상디자이너와 함께 텍스타일 디자인에 대해서 협의한다.
그리고 실의 굵기, 종류, 색상을 선택하여 직접 손으로
스케치하거나 디자인소프트웨어를 사용하 여 기본문양을
디자인한다. 이후 시제품을 만드는데 이들은 시제품이나 샘플
제작을 전문회사에 의뢰하기도 하지만 때로는 직접 만들기도
한다.

제품디자이너나 의상디자이너 등과 시제품의 결과에 대해
협의하고 문제점이 있으면 수정 또는 보완하면 하나의 새로운
제품이 만들어지는 것이다.

일반적으로 텍스타일 전문업체를 비롯하여 의류업체,
방직회사, 커튼·벽지회사에서 근무한다.

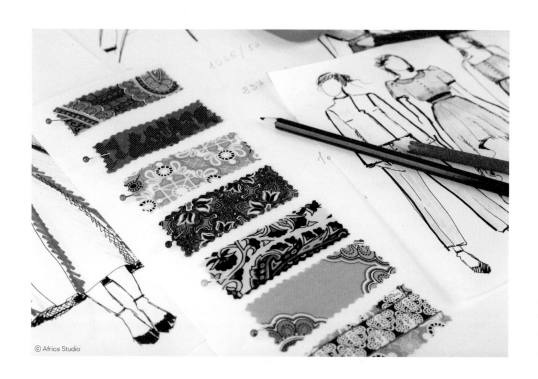
© Africa Studio

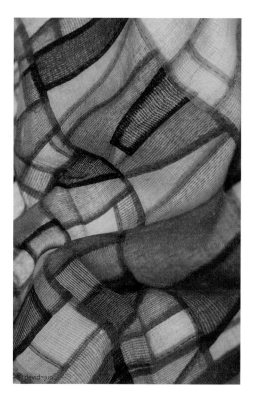
© david-jun

니트 디자이너

우리나라에서는 아직 잘 알려지지 않은 디자인 분야이다. 우선 니트에 대한 전문가적 소양이 필요한데, 니트를 전문적으로 가르치는 대학이나 기관이 소수라서 진입 장벽 자체가 높다고 볼 수 있다. 해외에는 니트를 전문적으로 가르치는 유명 패션스쿨이 많이 있고, 니트 디자이너를 굉장히 고급인력으로 평가한다.

니트 디자이너는 다른 일반적인 디자이너들과는 다르게 '실'을 제일 처음 다루기 때문에 원사, 즉 실에 대한 지식이 풍부해야 한다. 그래야지만 실의 특성을 잘 이용하여 실을 적절하게 다룰 수가 있고 실을 잘 다룰 수 있는 기술이 있어야만 좋은 니트 디자이너가 될 수 있다. 니트는 특성상 실의 성질이 의상에 그대로 반영되기 때문에 단순히 그림만 그린다고 니트가 만들어지지 않는다고 한다.

그렇기 때문에 니트 디자이너로 일을 하기 시작하여 실질적으로 평균 4년은 지나야 니트 디자이너로서 디자인을 제대로 해볼 수 있다고 한다.

힘들고 좁은 길이기는 하지만 그만큼 전문성이 필요한 직업이며 전문 인력이 부족한 상황이라서 일하는 햇수가 올라갈수록 여기저기서 스카웃 제의가 많이 들어오는 편이기도 하다.

그러나 전반적으로 니트 디자이너를 개별로 채용하는 회사는 그리 많지 않다고 보아야 한다. 대부분 생산 공정이 프로모션 업체를 통한 생산이기 때문에 회사에서 디자이너가 많이 필요하지 않다고 여기기 때문이다. 일부 회사는 프로모션을 통하지 않고 직접 자체 샘플실을 보유하는 경우 니트 디자이너를 그나마 조금 더 채용하지만 업무량에 비하여 인력이 부족한 실정이다.

교복 디자이너

기성복 디자이너 분야로 교복 디자이너 역시 언급하지 않을 수
없다. 정형화된 것 같지만 청소년들의 성장 패턴과 사회적
분위기, 또 활동성과 학교의 정체성을 고려한 디자인을 맡는
사람들이 바로 이들이다.

최근 인기리에 방영된 청소년 드라마 속에서 흥미로운
줄거리만큼이나 화제가 됐던 건 드라마 속 주인공들이 입고 나온
교복이었다. 세련되고 고급스러운 디자인을 자랑하는 이
교복들은 모두 한 교복 디자인 업체의 디자이너의 실력이었다.

교복 디자인은 가장 유행에 민감하다고도 한다. 청소년들의
마음을 사로잡기가 쉽지 않고 또 아이들의 성장세나 유행 심리가
매년 다르기 때문이다.

때문에 교복디자이너는 그해의 전반적인 패션 유행에
맞춰매년 전국 학교의 교복 디자인을 조금씩 수정하고 보완한다.

교복 디자이너가 되기 위한 별도의 자격제도나 과정은 없다.
따라서 일반 패션 디자이너 과정을 따라 준비하면 된다.

프로모션 디자이너

　브랜드의 디자이너들이 컬렉션을 준비할 경우 모든 제품을
일일이 다 디자인하고 패턴화하기에는 힘든 경우가 많다. 이때
디자이너들의 아이디어나 브랜드 이미지에 맞추어 옷을
기획하기도 하고, 제작하기도 하며, 판매까지도 대신 해주는
회사를 프로모션 회사라고 하는데 이 회사에 근무하는 사람들을
프로모션 디자이너라고 한다.

　이들은 옷 제작과 관련된 모든 일을 대행해주는데 전 과정을
모두 대행하기도 하지만 부분적 과정을 대행하기도 한다. 즉
기획만 대신하거나 생산만 대신하거나 판매만 대신하기도 한다는
것이다.

　따라서 프로모션 디자이너는 자신의 창의성보다는 고객인
브랜드의 이미지나 아이디어를 충실히 반영해야 하기 때문에
독창적 창의성보다는 충실성이 더 요구된다고 하겠다. 즉 원단
구매부터 공장과의 거래, 판매 계약까지 직접 하면서 한 벌의
옷이 기획되고 완성되기까지 전 공정을 책임지고 꼼꼼히
검토해야 함은 물론이고 공장의 생산자와 바이어의 의견을
수렴해 상품에 반영해야 한다.

　최근에는 상당수 의류 업체들이 프로모션 디자인 회사에
아웃소싱하고 있다. 왜냐하면 개별적으로 디자인 팀을 꾸리기가
쉽지 않고 효율성도 떨어지기 때문에 전문 프로모션업체에
위탁하는 것이 경제적으로나 기술적으로 유리하다는 것이
이유이다.

　브랜드 의류 업체와 프로모션 디자인 회사는 철저한 계약
관계다. 브랜드 의류 업체에서 이러저러한 콘셉트로 옷을 만들어
달라고 하면 그에 맞게 디자인에서 제작, 납품까지 책임지는 것이
프로모션 디자인 회사다. 이러한 구조 때문에 프로모션 디자인
회사는 철저히 그 브랜드의 콘셉트와 디자인 방향에 전적으로
맞춰야 한다.

　프로모션 디자인 회사는 브랜드의 의도에 맞춰 디자인을 하고

생산을 대신해 주는 일을 하므로 브랜드가 주 고객이 된다.
고객의 취향에 맞추다 보면 결과적으로 프로모션 디자이너의
창조 작업은 제한적일 수밖에 없다.

　프로모션 디자이너는 브랜드와 논의된 구상안을 스케치하고
실제로 디자인해서 샘플을 제작한다. 콘셉에 맞는 한 벌의 샘플이
완성되면 브랜드에서 좋아할 만한 테마나 색을 맞추어 수정을
가한 다른 작품들도 제안하며 브랜드와 조율하는 과정을 거친다.

　또한 기획부터 납품까지 모두 책임지는 경우에는 가격과 납품
시기 충족 여부 등 프로모션 디자이너의 영업력에 따라 회사의
생사가 좌우되기도 한다. 이 때문에 상품에 대한 모든 결정권을
손에 쥐고 있는 바이어와 긴밀한 관계를 유지하는 것이 꼭
필요하다.

　이러한 직업적 특성 때문에 프로모션 디자인 회사는 차이가
있기는 하지만 신입 사원보다는 경력직을 중심으로 뽑는 경우가
많다.

패션 PR매니저

패션 PR매니저는 브랜드 이미지를 소비자들에게 전달하는
일을 총괄하는 전문가다. 흔히 PR이라 하면 언론사에 보도
자료를 나누어주거나, 신문 잡지 방송 매체에 광고를 하는 것으로
생각하는데 패션 PR매니저는 브랜드 이미지에 어울리는
아이디어를 내고, 이를 효과적으로 전달하는 아이디어맨이다.

패션 PR매니저가 되기까지는 다양한 경로가 있다. 광고 홍보,
마케팅 등을 전공한 사람들도 있지만 패션관련 학과를 전공한
사람들이 더 유리하다. 아무래도 이론 보다는 감각이 더 중요하기
때문이다. 매장에서 판매사원으로 일을 하는 것도 도움이 된다.
패션 업계는 매장 위주로 돌아가기 때문에 현장에 뛰어들어 몸소
체험하는 것이 중요하다.

패션계는 매일 새로운 것들이 빠르게 쏟아진다. 2주 단위로
새로운 캠페인이 진행되고(신상품 출시), 패션 디자이너들과의
콜라보레이션(협업)이라던지, 전국 곳곳에서의 매장 오픈 등이
한꺼번에 이뤄진다. 이러한 일에 따르는 해외 지사와의 협력,
사내 커뮤니케이션, 국내 언론과의 접촉 등이 모두 PR매니저의
몫이다.

그래서 PR매니저는 브랜드를 둘러싸고 벌어지는 모든 것들을
상세하게 파악하고 있어야 한다.

PR매니저의 오전 업무는 주로 뉴스를 모니터링 하는 것으로
시작된다. 전 직원이 공유해야 할 정보들을 주간 월간 단위로
작성해 배포한다. PR매니저는 패션 감각도 중요하지만 정확한
정보 전달을 위한 글쓰기 능력도 빼놓을 수 없다.

기업의 이미지, 브랜드의 이미지를 전달하려면 커뮤니케이션
능력이 중요하기 때문이다. 위기상황에 대처하는 순발력과
정확한 상황 판단 능력은 필수다. 제품에 심각한 하자가 있다거나
고객 응대 문제와 같은 매장 내에서 벌어지는 크고 작은 일들은
어떤 경로를 통해 어떻게 처리하느냐가 중요하다. 기업의
이미지가 아주 작은 사건 하나로 인해 무너질 수 있기 때문이다.

© Creative Lab

언론과 소비자에게 나쁜 이미지를 전달하지 않는 것이
PR매니저의 중요한 임무다.

　소셜미디어의 발달로 개개인의 목소리가 커진 요즘은
위기관리 능력이 더욱 중요해지면서 PR매니저의 비중도
높아졌다.

　PR매니저는 나이를 뛰어넘어 늘 젊게 사는 사람이다. 자질을
키우려면 새로 생긴 음식점이나 옷가게, 새 전자 기기, 게임 등을
먼저 알고 경험하려는 모험심이 있어야 한다. 감각만 있다고 해서
되는 게 아니라 뭐든 유행을 찾으려고 노력해야 한다는 것이다.
패션 PR매니저들은 그래서 소위 핫 플레이스, 유행 음악 등을
찾아가고 들어본다. 패션계에서 이기려면 유행을 따라가는 게
아니라 유행을 만들어야 한다. 패션계에서 PR은 '무'에서 '유'를
창조하는 작업이다.

　미디어에 비치는 화려하고 세련된 모습과는 달리 실제로는
험하고 노동 강도가 높은 직업이다. 원단, 부자재 등으로 인해
작업 환경도 쾌적하다고 보기는 어렵다. 보수는 회사에 따라
차이가 있지만 대기업 디자이너의 경우 신입 초봉이
2500~3000만원 정도이고, 이보다 적게 받는 경우도 있다. 패션
디자이너의 연봉 수준은 그리 높지 않은 편이다.

　이는 프로모션 디자이너도 마찬가지여서 일반적으로 월급
180만원 선이지만 경우에 따라서는 이보다도 낮은 급여를
지급하는 회사도 있어 그 편차가 큰 편이다.

　패션 디자이너는 수명이 짧은 편이고 그만큼 승진도 빠르다.
주로 20대 후반에서 40대 초반 정도까지가 활동하는

연령대이고 50대 디자이너의 경우 자신의 브랜드를 갖고 있지
않다면 거의 찾아보기 힘들다. 또 중도 탈락자와 조기 은퇴자가
많다.

단순히 대우나 보수, 직업 안정성만을 고려하면
평생직장으로서의 매력은 크게 없지만 자신의 능력에 따라 강한
정신력과 직업의식으로 일을 사랑한다면 자신만의 브랜드를
만들어 가는 등 발전 가능성도 무한히 있다고 하겠다.

취업은 주로 의류회사, 섬유회사, 개인의상실 등으로 진출하며
자신이 직접 의상실을 경영하기도 한다. 채용은 보통
공개채용이나 교육기관 및 교수에 의한 추천 등을 통해
이루어진다.

2020년 기준 국내에서 패션 디자이너로 활동하고 있는
종사자수는 약 3만 2,000명이며, 이 가운데 임금 근로자는 약 2만
5,200명으로 조사되었다.

패션 디자이너의 성비는 여자 90.2%, 남자 9.8%이며, 평균
연령은 31.9세이다. 전체적으로 평균 14.8년의 학력을 보유하고
있으며, 평균 계속 근로연수는 4년 정도이다.

Part Three

Get a Job

패션디자이너가 되기 위해서는 전문대학 및 대학교에서
의상디자인학, 패션디자인과, 의류(의상)학 등을 전공하면
유리하다.

패션 디자인과 관련된 대학의 학과에서는 학교마다 조금씩
강좌명이 다르지만 크게 다음과 같은 분야를 가르친다.

- 옷과 인간생활에 관한 분야
- 패션 디자인의 이론과 실제에 관한 분야
- 의류산업 및 상업적 활동에 관한 분야
- 패션 디자인 관련 법률적 지식 분야

　국내 4년제 대학 패션 관련학과는 국제화, 고급화, 개성화 되어
가는 오늘날 의류산업의 주도적인 역할을 할 수 있는 실무 인력을
양성하여 의생활의 과학화와 합리화에 기여하고자 하는
목적으로 주요 대학에 설치되었다.

　이 학과에서는 서양과 한국복식사, 의상심리학,
코디네이션기법, 의류소재, 직물실험, 입체구성, 평면구성, 각종
소재에 합당한 기본적인 제작기법 등의 기본적인 지식과
패션디자인, 스타일묘법, 복식과 색채 등의 과목을 통하여
창의적인 아이디어를 창출함으로써 구조적, 예술적 차원의
복식을 기획할 수 있는 능력을 키워준다.

　또한 의류산업의 전반적인 기획, 생산, 판매과정을 이해하도록
마케팅, 머천다이징과 관련한 교과목이 포함되어 상품으로서의
의상을 팔기위한 전략과 기법도 배울 수 있어 유용하다.

　그러나 패션이나 의상 관련학과를 졸업하였다고 모두
디자이너로서 활동할 수 있는 것은 아니며 이는 어디까지나
개인의 노력 여하에 달린 일이다. 학교에서는 단지 유명
디자이너나 패션업계에서 활동할 수 있는 기본적인 지식과
노하우를 교육시켜 줄 뿐이지 사관학교처럼 졸업하면 바로 어떤
신분이 주어지는 것은 아니다.

　패션 관련학과 졸업생은 주로 의상디자이너, MD, 코디네이터,
스타일리스트 등으로 활약하거나 대학원에 진학하여 의류 또는
의상학의 연구 인력으로서 일익을 담당한다.

학과 이름이 같거나 다르다고 하여 미리 선입견을 갖고 학과를 살펴 볼 것이 아니라 학교 홈페이지를 활용하여 무엇을 배우는지 곰곰이 살펴보고 그 특성을 파악하는 것이 중요하다. 학과 이름이 같아도 배우는 것이 다른 경우가 있고 이름이 달라도 배우는 것이 비슷한 경우가 있기 때문이다.

그리고 같은 계열의 학과라도 전공이 다른 경우도 있기 때문에 교육과정을 확인 해보는 것이 바람직하다고 하겠다.

■ 패션디자인학과
가천대, 강릉원주대, 건국대, 경북대, 경성대,
경희대(의류디자인), 계명대, 광주대(패션 · 주얼리),
국민대(의상디자인), 단국대(패션산업디자인), 대구가톨릭대,
대구대, 대구예술대, 대전대, 덕성여대(텍스타일디자인),
동덕여대, 동명대, 동아대, 동의대, 명지대, 부경대, 상명대,
상지대, 서울디지털대(패션학), 세명대, 세종대, 수원대, 순천대,
신라대, 신한대, 영산대, 우석대(패션스타일링), 원광대,
인하대(의류디자인), 중앙대, 청운대(패션디자인섬유공학), 평택대,
한서대(의상디자인), 한양대(ERICA), 호남대

■ 섬유패션디자인과
목원대, 조선대, 한세대, 홍익대

■ 패션산업학과
서울여대, 인천대, 전주대, 한성대

■ 패션의류학과
목포대, 서원대, 제주대

■ 의류산업학과
경남대, 성신여대, 이화여대

■ 의류학과
가톨릭대, 경북대, 경상대, 군산대, 서울대, 수원대, 숙명여대,
안동대, 전남대, 전북대, 창원대, 충남대, 충북대, 부산대,
한양대

© 서울호서직업전문학교

전문대학 패션디자인 관련 학과

■ 패션디자인과
경인여대, 계명문화대, 국제대, 동서울대, 동주대, 대덕대,
수원여대, 숭의여대, 신구대, 유한대, 인하공업전문대, 장안대,
청강문화산업대, 한양여대

■ 패션스타일리스트과
대경대, 대전보건대, 동아방송예술대, 오산대, 전주기전대

■ 패션산업학과
군장대, 배화여대, 서일대, 여주대

■ 기타 패션디자인 관련
강동대(패션·주얼리디자인), 경남정보대(신발패션산업과),
명지전문대(패션·리빙디자인과), 부천대(섬유패션비즈니스과),
연성대(패션디자인비즈니스과), 영남이공대(패션디자인마케팅과),
한양대(니트패션디자인과, 섬유패션비즈니스과)

대학 패션디자인 관련 학과에서 배우는 과목의 예

■ 패션마케팅
의상 상품 관리, 가격, 마케팅 커뮤니케이션과 광고, 판촉 방법
및 의류 유통 관리 전반에 대하여 배운다.

■ 인간과 의복심리
인간의 옷에 대한 관심을 사회심리학적인 시각으로
분석해봄으로써 의복에 대하여 가지고 있는 현대인의 성향을
배운다.

■ 의류 상품 기획
소비자의 트렌드를 반영한 의류 상품을 기획, 생산, 판매하는
활동과 관련한 지식을 배우며 이를 실습을 통하여 확인해본다.

■ 패션리테일링
패션산업의 유통과 물류시스템에 대한 수업으로 현대사회의
다양한 패션유통시스템에 대해서 학습한다.

■ 인터넷패션비지니스
패션상품의 특수성을 고려한 전자상거래 상의 문제점과
해결책은 물론이고 쇼핑몰 구축에 대한 기본지식을 공부한다.

■ 패션크로키
패션드로잉을 위한 준비과정으로 인체에 대한 정확한
관찰력을 기르는 동시에 인체에 대한 재빠른 묘사법과 개성적
해석방법을 교육한다.

■ 패션일러스트레이션
의상 디자인에 필요한 기본적 표현기법에서 출발하여
자신만의 창조적인 패션 아이디어를 다양한 소재를 사용하여

ⓒ 서울호서직업전문학교

표현하는 역량을 기른다.

■ 칼라스튜디오
색채원리와 색 지각심리, 색채표현방법, 분류, 분석 등의 제반
색채이론을 배우며 색채계획, 관리, 교정 및 표현방법 등의
실기능력을 기른다.

■ 패션디자인
디자인의 요소와 원리를 바탕으로 현대 패션 트렌드를
분석하여 이를 창조적 패션 디자인으로 연계시켜 나가는
발상기법을 배우고 익힌다.

■ 디지털패션디자인
패션 디자인 작업에 컴퓨터의 프로그램을 활용하는 방법을
배운다.

■ 패션 상품 연출
소비자의 구매 욕구를 창출할수 있도록 다양한 방법과
스타일을 조합시킨 이벤트기획, 코디네이션, 디스플레이의
기본원리 및 구체적인 전략 등을 배운다.

■ 디자인개발연구
시장조사를 통하여 패션 트렌드를 분석하고 이에 맞는
디자인을 기획하여 샘플 제작까지 실무과정을 실습을 통하여
익힌다.

■ 패션디자인컬렉션
디자인 개발, 의복구성, 패턴연구, 상품기획 등 4년간의 전
학습과정을 마무리하는 시간으로 의류상품의 아이디어 정립,
개발 및 머천다이징에 수반되는 제반의 사항을 실제 수행하고
제작한다.

■ 의류소재의 이해
섬유에 대한 기본적인 이론을 배우고 그 특성에 따른 활용
방법을 익히다.

■ 염색실습
천연염색, 합성염색 그리고 홀치기, 날염 등과 같은 다양한
염색기법들을 배우고 실습을 통하여 심화한다.

■ 의류신소재
고기능성 섬유나 첨단 의류 소재에 대하여 공부하여 일상 의상
이외의 특수 목적을 지닌 의복 제작에 대하여 공부한다.

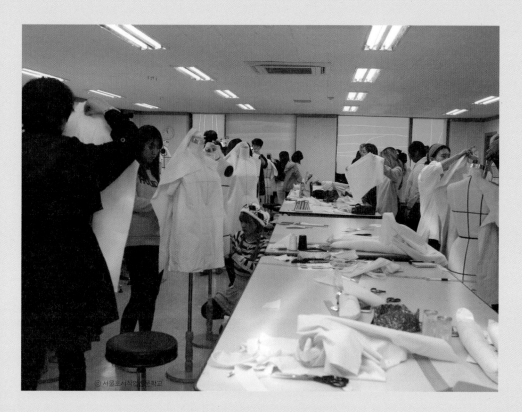

■ 직물정보분석과 CAD

다양한 직물에 사용된 실의 종류와 굵기, 꼬임수, 직물조직,
직물의 밀도와 색실배열 등의 정보를 실험을 통해 분석하고 이
정보를 기초로 다양한 직물을 weave CAD를 사용해
디자인하여 컴퓨터 모니터 상에서 만들어 비교하여 본다.

■ 테일러링

의복의 모양이나 착용감에서 그 우수성이 인정되고 있는
테일러링 기법을 실습을 통하여 배운다.

■ 어패럴패턴 CAD

세계적으로 많은 의류업체에서 사용하는 패턴 Apparel CAD
System을 이용하여 의류제품의 Pattern 제작 및 수정 기법을
배운다.

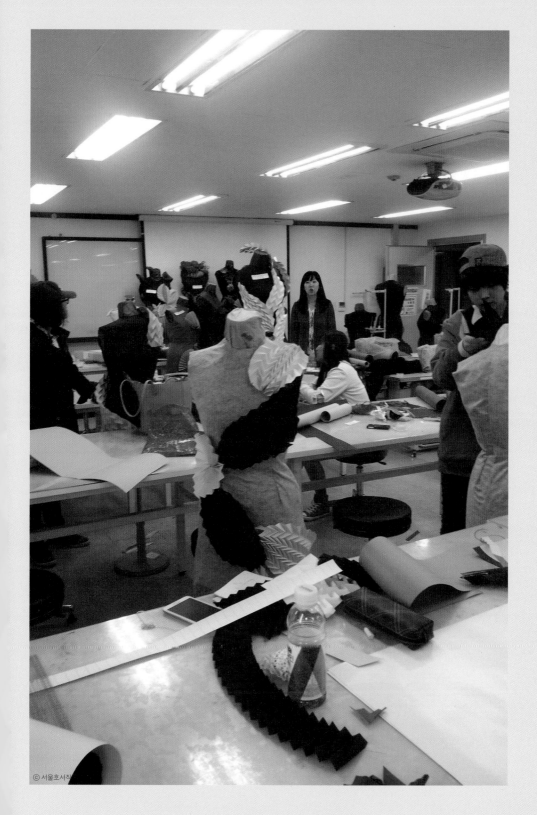

패션 분야는 국내보다는 아직까지도 해외 유학을 선호하는 경향을 무시할 수 없다. 세계 패션의 근원지라고 할 수있는 파리와 뉴욕에서 보다 현장감 있는 시장을 접하고, 공부를 하려는 학생들의 욕구가 시장의 논리와 맞기 때문이다.

파리의상조합학교

유학을 많이 가는 해외 유명 패션 디자인 학교로 우선 파리의 파리의상조합학교를 꼽는다. 파리의 의상 디자이너 조합에서 세운 학교인데, 모델리즘(패턴)을 배우기에 적합한 커리큘럼을 가지고 있다.

옷의 구조를 이해하는 과정에서, 또 재단 방법, 입체 재단, 바이어스 커팅 등 실질적인 부분을 배울 수 있다.

옷을 만드는 과정에서 무엇이 가장 중요한지는 사람들마다 다를 수 있지만, 입기 편한 옷을 디자인하고 만들기 위해서 입체 재단이 중요하다는 사실을 부정하기는 힘들다.

파리의상조합학교(Ecole de la chambre syndicale de la couture parisienne)는 지구상에서 150명의 고객만 상대한다는 고급의상

기술을 전수하는 학교였고, 크리스티앙 디올,
지방시, 랑방 등과 같이 현장에서 일하던
디자이너들이 학교로 와서 직접 가르치기
때문에 명성이 자자하다.

프레따포르테(prêt-à-proter: 기성복)를
중심으로 패션흐름이 바뀌는 2000년대부터는
그에 맞추어 커리큘럼을 바꾸었다. 옷의 구조나
옷을 만드는 과정을 배운 후에 디자인 수업을
병행하는데 이 학교에서는 카니발에서나 볼 수
있는 특이한 옷을 만드는 것은 못하게 한다.

이 학교는 1927년에 파리의상조합에서 세운
의상학교인데 고등학교 졸업생을 대상으로
하는 정규과정과 의상 관련학과를 졸업한
사람을 위한 1년제 전문가 과정 및 현직 의상
실무자들을 대상으로 하는 평생교육과정,
실업고 출신들을 위한 직업화 과정 등등 다양한
과정을 개설하고 있다.

2019년부터는 프랑스 의상전문기관인
IFM(Institut Francais Dela Mode)과 통합되면서
교육과정이 바뀌었다.

학사과정과 석사과정 두가지 프로그램이
있으며 교육 분야는 크게 패션디자인과
패션매니지먼트로 나뉜다.

학사과정인 Bachelor of Arts in Fashion
Design은 총 3년 과정으로, 1학년은 의상에
관한 예술적 및 기술적 기초지식을 배우며
2학년에는 실습을 위주로 학생들의 창조성
계발에 역점을 둔다.

3학년에서는 패션업계의 문화와 정신을 익혀

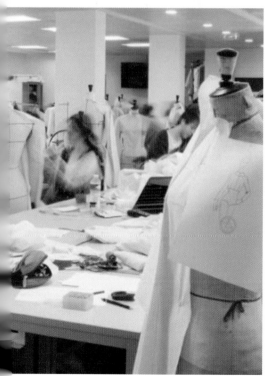

프로의 세계에서 패션 디자이너로서의 잠재적 역량을 키우며 실제 활동에 필요한 실무적 지식과 경험을 쌓게 한다.

등록금은 1, 2, 3학년이 모두 각각 연 19,000유로인데 등록 시, 9월 개강 시 그리고 12월 이렇게 3회에 걸쳐 분납한다.(학비는 매년 변동될 수 있다.)

프랑스의 학교 시스템은 일반적으로 졸업을 전후하여 일반 직장인들과 똑같이 최소한 3개월 동안 회사에서 현장 체험을 하고 거기에 대한 리포트를 제출해야 졸업장을 받을 수 있다. 졸업생의 현장 실무 능력을 강화하기 위한 제도의 일환이다. 그러나 이러한 작업은 학교에서 일괄적으로 실습회사를 정하여 주는 것이 아니고 학생이 개별적으로 직접 이력서와 편지를 보내서 자기가 실습할 회사를 찾아야 한다. 그러나 이와 같은 경우에 대부분의 회사들은 학생들에게 월급을 지불하지 않는다고 한다.

석사과정인 Master of Arts in Fashion Design은 총 2년 과정으로 예술/패션 또는 디자인 분야에서 3년제 학사 학위 취득자가 지원할 수 있다. 또한 2년 과정 안에 6개월의 인턴쉽이 포함되어 있다.

이 외에도 다양한 교육 프로그램들이 많이 운영되고 있으니 관심있으면 직접 홈페이지에 들어가서 확인해 보기를 바란다.

파리 스튜디오 베르소(Studio berçot)

또 파리의 유명 명문중 하나인 스튜디오 베르소도 많은 외국
유학생들이 공부하러 오는데 졸업이 쉽지는 않다. 이 학교는 주로
실무에 집중한 교육을 한다고 한다.

1971년에 설립된 스튜디오 베르소는 전 세계적으로 프랑스
파리 패션 유학 붐을 일으키는 데 주도적인 역할을 한 사립
교육기관이다. 총 3년 과정의 패션 디자인 학과가 개설되어 있는
이 의상 학교는 자유분방한 분위기의 수업 방식으로 유명한데
학생 스스로가 의욕적으로 자신의 학업을 이끌어가야만
성공적으로 졸업을 할 수 있다고 한다.

학생의 수업 출석률보다 이들 작품의 수준에 더 많은 관심을
쏟는 스튜디오 베르소의 교육방식은 타 패션 교육기관에 비해
패션 트렌드와 관련된 훈련을 많이 하는 것이 특징이다.

트렌드 분석, 실루엣 연구, 색채학, 소재 리서치 등 패션
브랜드의 아틀리에에서나 이뤄지는 작업 방식으로 수업을 하는
셈이다. 그래서인지 이 학교 졸업생의 상당수가 디자이너
이외에도 스타일리스트, 패션 에디터로 활동하고 있다.

뿐만 아니라 패션 크로키, 누드 드로잉, 테크니컬
드로잉(도식화)그리고 일러스트레이션 및 프린트 메이킹 등 그림
관련 수업이 많은데, 이는 디자이너에게 요구되는 가장 중요한
요소 중 하나로 이곳 학생들의 드로잉 실력은 수준급으로
알려졌다. 미술관이나 전시회 관람 등 견학을 자주 한다는 것
또한 이 학교만의 자랑이다.

스튜디오 베르소는 유명 패션디자이너를 다수 배출한
교육기관이며 메종 발렌시아가, 끌로에, 니나리찌, 소니아 리키엘
등 여러 브랜드가 항상 눈여겨보는 곳이기도 하다.

스튜디오 베르소

■ 지원 자격
18세 이상 고등학교 졸업자, 프랑스어 능통자, 학교 등록신청서 작성,
면접

■ 지원 기간
매년 6월 초순 이전

■ 학비 (2019년 기준)
1,2 학년: 연 11,000유로 / 3학년: 2,200유로

■ 주소
29, rue des Petites-Ecuries 75010 Paris
http://www.studio-bercot.com

뉴욕 파슨스 디자인스쿨 (Parsons The New School for Design)

파리의 베르소와 함께 뉴욕 패션 유학은 주로 파슨스 디자인
스쿨로 가는 편이다. 패션계의 양대 산맥이라고 할 수 있다.
파슨스 디자인 스쿨은 100년이 넘는 역사를 자랑하는
디자인스쿨로 패션디자인 뿐만 아니라 건축, 사진, 산업디자인 등
미국의 디자인산업을 대표하는 디자인 스쿨이다. 특히 파슨스는
세계 패션의 중심 뉴욕에 자리 잡고 있어 최신 패션 트렌드를
주도하는 패션디자인 스쿨 중 하나로 많은 이들이 유학을
시도하고 있다.

파슨스 디자인 스쿨은 미국 디자인 산업 중 상업적인 성격을
강조하는 현실주의적 교육기관인데 이 학교 학생들에게
대해서는 앤디워홀재단, 마이클소프트, 패션지 세븐틴드 등의
다양한 업체에서 인턴으로 근무할 수 있는 기회를 제공하고 있다.

현재 약 700명의 현직 디자이너를 인력풀로 가진 이 학교는
최신 현대적인 시설과 장비를 보유하고 있어 학생 자신의
창의적인 능력을 최고로 발휘해 볼 수 있는 환경을 가지고 있다.

또 현재 일본, 프랑스, 한국, 영국과 국제 교환학생 프로그램을
진행 중이다.

특히 파슨스 디자인스쿨은 유명디자이너를 많이 배출한
학교인데 대표적으로 안나수이, 노나카렌, 신시아로리,
마크제이콥스, 스티븐 마이젤, 두리정, 탐포드 등의 디자이너를
예로 들 수 있다.

파슨스 관련 정보 요약

■ 파슨스 디자인스쿨 학사 입학기준
자기소개서, 고등학교/대학교 성적, 졸업증명서(3.0이상), 추천서 2장,
10~12장의 포트폴리오. 토플 IBT 92 또는 IELTS 7.0 이상 Persons
Challeng (3가지 이상의 이미지와 3가지의 에세이)

■ 파슨스 디자인스쿨 준학사 입학기준
지기쇼개서, 고등학교/대학교 성적, 졸업증명서(3.0이상), 10 12장의
포트폴리오,
토플 IBT 79 또는 IELTS 6.5 이상, 전공과목 별 HOME TEST

■ 파슨스 디자인스쿨 학비정보
학비는 1년에 5,000만원 정도 예상되며 입학 시 은행잔고증명서가 필
요하다. (파슨스는 사립학교로 공립의 3배가량 비쌈.)

03 기타 패션 교육기관 및 공모전

직업전문학교

근로자의 직업 능력을 개발하는 교육기관으로 노동부에서
관리하는데 학교마다 과정이 다르다. 교육부에서 관리하는 일반
대학이나 전문대학과 달리 학점은행제를 통하여 전문학사나 학사
학위를 받을 수도 있으며, 학위를 취득했을 때 대학원에 진학할
수도 있다.

설치 목적과 같이 학술적인 교육이나 연구보다는 직업을 가질
수 있도록 실무지식이나 기술을 가르치고 훈련하는 것을 주로
하는 직업 교육기관이다.

이러한 직업전문학교 중에는 패션 디자인과 관련한
교육훈련과정을 개설하고 있는 곳도 있기 때문에 패션 디자이너가
되고 싶다면 대학이 아닌 직업전문학교에서도 배울 수 있다.

그러나 비록 일반 대학 편입이나 대학원 진학 등이 가능하다고는 하지만 대학이 아닌 직업 훈련기관이기 때문에 대학 진학을 염두에 둔 학생들은 직업전문학교로 갈 지 혹은 대학으로 갈지 자세히 알아보고 결정하는 것이 좋다.

다음은 직업전문학교 패션 디자인 전공에서 가르치는 교과목의 예이다.

서양복식사, 의복과 색채, 패션 디자인론, 패션 마케팅, 패션소재연구, 패션드레이핑, 패션 일러스트레이션, 어패럴패턴CAD 실습, 패션 CAD실습, 창작디자인 실습, 테일러링, 20세기 복식론, 인체와 의복, 패션 컬렉션, 한국 의상 구성, 패션 이미지 메이킹, 복식미학, 패션 디스플레이, 비주얼 머천다이징, 패션 액세서리 디자인, 패션 스타일링, 패션 상품기획, 외국 전통의복,...

직업전문학교에서 공부하는 경우에 관련 자격증을 얻으면 학점으로 인정되기 때문에 알아보고 자격증 취득을 준비하는 것도 도움이 된다. 그러나 취득하는 자격증마다 모두 학점으로 인정해주는 것은 아니면 개인 당 인정해주는 자격증 수가 정해져 있다.

전문학사의 경우는 2개(전공 관련 자격증 1, 일반 자격증 1), 학사의 경우는 3개(전공 관련 자격증 2, 일반 자격증 1)만 인정해 준다.

한국산업인력공단에서 실시하는 다음과 같은 자격증이 패션 디자인과 관련한 전공 학점으로 인정되기도 한다.

섬유디자인산업기사, 섬유산업기사, 양복산업기사, 의류기사, 의류기술사, 컬러리스트 산업기사, 패션 디자인산업기사, 패션머천다이징 산업기사, 한복산업기사 등

학점은행제

대학을 졸업하지 않아도 '국가평생교육진흥원'에 학점 은행계좌를 만들어 놓고 수시로 인정받은 학점을 저금해놓아 총 80학점(전문학사)이나 140학점(학사)이 모이면 국가에서 학위를 수여하는 제도를 말함.

패션 디자인 학원

패션이나 의상과 관련된 학원으로 주로 단기 교육과정을
개설하고 있다. 학원 중에는 현직 또는 전직 디자이너가 운영하는
곳도 있어 패션업계의 현실감을 배울 수 있는 장점도 있다.

전문직업으로서 패션 디자인을 배우려는 사람도 있지만 취미
생활을 위해서 배우기도 한다.

또 국비지원을 받아 단기간 직업 훈련 과정을 운영하기도
하는데 이 훈련 과정은 배우려는 사람에 따라 등록 조건이 다르며
정부의 지원금도 다르다. 그런데 이러한 과정의 대부분은 전문
디자이너 육성보다는 패션 디자인 관련 기능인을 교육하는데 더
집중하기 때문에 이 과정만을 통하여 전문 디자이너가 되려면
별도의 많은 노력이 필요하다고 본다.

공모전 및 대회

　꼭 대학이나 대학원 또는 외국 유학 등의 전문 교육과정을
거치지 않고도 디자이너가 될 수 있는 길은 있다. 바로 공모전에
참가해 수상하는 것이다.

　물론 공모전의 성격에 따라 참가 자격에 제한을 둘 수 있으므로
항상 모든 가능성이 열려 있다고는 할 수 없으나 창의적인
아이디어를 찾고, 신진 인력을 양성하기 위해 기업과 단체들은
비교적 열린 자세로 공모전을 개최하고 있는 경향이다.

　국내 유명 공모전으로는 다음과 같은 대회들이 있다.

　대한민국 패션대전, 패션디자인 콘테스트, 서울 디자인 올림픽,
제일모직 크리에이티브 공모전, 대학별 디자인 공모전(각 유명
대학 패션디자인학과 등에서 콘테스트나 공모전 진행하고 있음),
한지섬유 패션디자인 경진대회, 코오롱 패션 어워드 등이다.

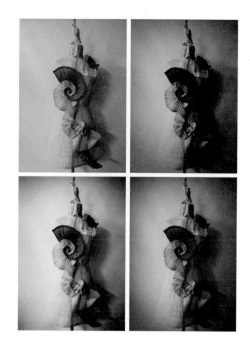

패션디자인 산업기사

  패션디자인 산업기사는 옷의 기능적 역할은 물론이고
소비자의 욕구와 시대적 성향에 따라 옷을 디자인하는
전문가로서 소비자의 이미지를 파악하고 이를 반영하는 옷을
창작하는 일을 한다.

■ 시행처 : 한국산업인력공단

■ 관련학과 : 전문대학의 의상디자인, 패션디자인 관련학과

■ 시험과목
 - 필기

1. 패션트렌드 분석
2. 패션상품 디자인기획
3. 샘플패턴 제작
4. 시제품 개발
- 실기 : 패션디자인 및 패턴제작 실무

■ 검정방법
- 필기 : 객관식 4지 택일형 과목당 20문항(과목당 30분)
- 실기 : 작업형 (6시간 정도)

■ 합격기준
- 필기 : 100점을 만점으로 하여 과목당 40점 이상, 전 과목 평균
60점 이상
- 실기 : 100점을 만점으로 하여 60점 이상

〈연도별 합격률〉

연도	필기 합격률	실기 합격률
2021	59.4%	68.1%
2020	50.5%	32.8%
2019	50.6%	32.3%
2018	48.1%	21.7%
2017	42%	28.4%
2016	51.1%	22.7%
2015	51.6%	38.1%

〈패션디자인 산업기사 합격자 수(2021년)〉

필기 시험			실기 시험		
응시자수	합격자수	합격률	응시자수	합격자수	합격률
143명	85명	59.4%	72명	49명	68.1%

패션머천다이징 산업기사

패션의 트렌드와 소비자의 성향을 조사 분석하여 상품의 생산, 유통, 판매 계획을 세우고 이를 프로모션 하는 등 패션 상품의 기획부터 판매 이르는 모든 부문에 걸쳐 일을 한다.

■ 관련학과 : 대학 및 전문대학의 패션마케팅 관련학과

■ 시험과목
- 필기
  1. 패션 정보 분석
  2. 패션 상품 기획
  3. 패션상품 개발기획
  4. 패션상품 판매전략
- 실기 : 패션머천다이징 실무

■ 검정방법
- 필기 : 객관식 4지 택일형, 과목당 20문항(과목당 30분)
- 실기 : 작업형 (5시간 정도)

■ 합격기준
- 필기 : 100점을 만점으로 하여 과목당 40점 이상, 전 과목 평균 60점 이상
- 실기 : 100점을 만점으로 하여 60점 이상

〈연도별 합격률〉

연도	필기 합격률	실기 합격률
2021	89.2%	60.4%
2020	92%	64.4%
2019	85%	63.9%
2018	74.8%	65.2%
2017	58%	67.5%
2016	73%	65.5%
2015	76.3%	51.3%

〈패션머천다이징 산업기사 합격자 수(2021년)〉

필기 시험			실기 시험		
응시자수	합격자수	합격률	응시자수	합격자수	합격률
296명	264명	89.2%	235명	142명	60.4%

한복 산업기사

옷감으로 각종 한복, 즉 저고리, 바지, 치마, 두루마기, 버선 등등을 만드는 일을 하는 데 옷을 입을 사람의 치수재기부터 본을 뜨고 재단하며 바느질을 전문적으로 하는 기사이다.

■ 관련학과 : 전문대학 및 대학의 의상학, 패션디자인 관련 학과

■ 시험과목
- 필기
  1. 복식의장 및 한국복식문화사
  2. 한복구성학
  3. 피복재료학
- 실기 : 한복작업

■ 검정방법
- 필기 : 객관식 4지 택일형, 과목당 20문항(과목당 30분)
- 실기 : 작업형 (7시간 정도)

■ 합격기준
- 필기 : 100점을 만점으로 하여 과목당 40점 이상, 전 과목 평균 60점 이상
- 실기 : 100점을 만점으로 하여 60점 이상

〈연도별 합격률〉

연도	필기 합격률	실기 합격률
2021	72.4%	47.6%
2020	85.2%	21.5%
2019	76.1%	25.4%
2018	56.5%	40%
2017	64.4%	23.7%
2016	70.8%	40%
2015	74.2%	75.8%

〈한복 산업기사 합격자 수(2021년)〉

필기 시험			실기 시험		
응시자수	합격자수	합격률	응시자수	합격자수	합격률
87명	63명	72.4%	82명	39명	47.6%

양복기능사

각종 모양으로 남성의 양복을 직접 재단하고 가봉을 거쳐 바느질을 하여 만드는 기술자로 고객의 취향에 따라 디자인하고 패턴을 만들며 가위로 재단하고 재봉틀이나 손바느질 등을 한다.

■ 시행처 : 한국산업인력공단

■ 시험과목
- 필기 : 양복제작법, 섬유재료, 의복디자인, 의복일반
- 실기 : 양복패턴 및 봉제 작업

■ 검정방법
- 필기 : 객관식 4지 택일형 과목당 60문항(60분)
- 실기 : 작업형 (6시간 정도)

■ 합격기준 : 100점 만점에 60점 이상 득점자

〈연도별 합격률〉

연도	필기 합격률	실기 합격률
2021	82.9%	84.4%
2020	90.8%	66.7%
2019	85.7%	75.7%
2018	86.5%	66.4%
2017	82.6%	71.4%
2016	74.3%	46.2%
2015	65.2%	52.9%

〈양복기능사 합격자 수(2021년)〉

필기 시험			실기 시험		
응시자수	합격자수	합격률	응시자수	합격자수	합격률
76명	63명	82.9%	77명	65명	84.4%

양장기능사

양복기능사가 남성의 옷을 만든다면 양장기능사는 여성의 옷을 만드는 기술자이다.

- 시행처 : 한국산업인력공단

- 시험과목
 - 필기 : 양장 구성, 섬유재료, 의복디자인, 의복일반
 - 실기 : 양장 패턴 및 봉제 작업

- 검정방법
 - 필기 : 객관식 4지 택일형 과목당 60문항(60분)
 - 실기 : 작업형 (6~7시간 정도)

- 합격기준 : 100점 만점에 60점 이상 득점자

〈연도별 합격률〉

연도	필기 합격률	실기 합격률
2021	75%	47.1%
2020	80%	46.1%
2019	72.9%	44.9%
2018	75%	43.2%
2017	73.4%	37.2%
2016	70.3%	46%
2015	53.9%	40.8%

〈양장기능사 합격자 수(2021년)〉

필기 시험			실기 시험		
응시자수	합격자수	합격률	응시자수	합격자수	합격률
903명	677명	75%	758명	357명	47.1%

섬유디자인 산업기사

  옷감의 질과 특성에 따라 문양을 디자인하여 옷감에 아름다운 무늬를 만들어 넣는 기술자로 섬유도안을 전문으로 한다.

■ 시행처 : 한국산업인력공단

■ 관련학과 : 전문대학 이상의 디자인, 섬유디자인 관련학과

■ 시험과목
- 필기 : 디자인개론, 색채학, 섬유재료학, 날염학
- 실기 : 섬유디자인 실무 작업

■ 검정방법
- 필기 : 객관식 4지 택일형, 과목당 20문항(과목당 30분)
- 실기 : 작업형 (7시간 정도)

■ 합격기준
- 필기 : 100점을 만점으로 하여 과목당 40점 이상, 전과목 평균 60점 이상
- 실기 : 100점을 만점으로 하여 60점 이상

〈연도별 합격률〉

연도	필기 합격률	실기 합격률
2021	69.2%	75%
2020	58.3%	100%
2019	58.3%	81%
2018	76.9%	100%
2017	60.7%	93.3%
2016	77.8%	100%
2015	58.8%	100%

〈섬유디자인 산업기사 합격자 수(2021년)〉

필기 시험			실기 시험		
응시자수	합격자수	합격률	응시자수	합격자수	합격률
13명	9명	69.2%	8명	6명	75%

의류기사

의류기사는 요구되는 옷감의 물리적 특성 등을 시험하여 생산할 직물에 대한 가능성 여부와 그 직물의 시장성을 조사하며 새로운 제품이나 디자인을 개발하고 생산된 직물의 품질 상태를 조사 분석한다.

■ 시행처 : 한국산업인력공단

■ 관련학과 : 전문대학 이상의 의류학, 의류직물학 관련학과

■ 시험과목
- 필기 : 피복재료학, 피복환경학, 의복설계학, 봉제과학, 섬유제품시험법 및 품질관리
- 실기 : 피복과학, 피복설계 및 제작실무

■ 검정방법
- 필기 : 객관식 4지 택일형 과목당 20문항(과목당 30분)
- 실기 : 복합형[필답형(1시간 30분) + 작업형(6시간 정도)]

■ 합격기준
- 필기 : 100점을 만점으로 하여 과목당 40점 이상, 전과목 평균 60점 이상
- 실기 : 100점을 만점으로 하여 60점 이상

〈연도별 합격률〉

연도	필기 합격률	실기 합격률
2021	50%	46.8%
2020	38.6%	7.7%
2019	73.1%	38.9%
2018	36.5%	41.1%
2017	60.7%	30.8%
2016	22.1%	21.6%
2015	38.7%	11.6%

〈의류기사 합격자 수(2021년)〉

필기 시험			실기 시험		
응시자수	합격자수	합격률	응시자수	합격자수	합격률
64명	32명	50%	47명	22명	46.8%

컬러리스트 산업기사

색채에 관한 이론적 지식과 실무 능력을 갖추고 색채와 관련된 모든 상품이나 제품의 제작, 생산 및 판매에 대하여 조언하고 관리하며 소비자의 색채 성향에 대한 조사 분석 등을 한다.

그래서 컬러리스트는 의류 뿐만 아니라 건축, 실내디자인, 조명 등등 많은 분야에 걸쳐 활동할 수 있다.

■ 시행처 : 한국산업인력공단

■ 시험과목
- 필기 : 색채심리, 색채디자인, 색채관리, 색채지각의 이해, 색채체계의 이해
- 실기 : 색채계획 실무

■ 검정방법
- 필기 : 객관식 4지 택일형 과목당 20문항(과목당 30분)
- 실기 : 작업형(5시간 정도)

■ 합격기준
- 필기 : 100점 만점 40점 이상, 전 과목 평균 60점 이상
- 실기 : 100점 만점 60점 이상

〈연도별 합격률〉

연도	필기 합격률	실기 합격률
2021	54.1%	57.8%
2020	68.3%	43.5%
2019	54.5%	44.5%
2018	60.2%	54.6%
2017	58.3%	50.6%
2016	67%	48.1%
2015	51.2%	58.2%

〈컬러리스트 산업기사 합격자 수(2021년)〉

필기 시험			실기 시험		
응시자수	합격자수	합격률	응시자수	합격자수	합격률
2,660명	1,438명	54.1%	1,400명	809명	57.8%

염색기능사(날염), 염색기능사(침염)

염색기능사 시험은 섬유의 가공과 염색에 대한 기초를 다루며 산업기사, 기사 등 시험 응시에 도움을 준다. 기능사의 자격을 취득한 후 동일직무분야에서 1년 이상 실무에 종사한 자는 산업기사시험의 응시자격이 되고, 3년 이상 종사한 경우 기사시험의 응시자격이 주어진다. 7년 이상 실무에 종사하면 기술사 시험에 응시할 수 있다.

섬유기술사

기술사 자격은 기술자격증의 꽃이다. 각종 관련분야 취업뿐만 아니라 승진, 보직, 자격수당 등에서 우대받는 고급자격·면허증이다. 기사자격 취득 후 동일직무분야에서 4년, 산업기사는 5년, 기능사는 7년 이상 실무에 종사한 경우 기술사 시험에 응시할 수 있다. 기술사와 같은 전문기술인력은 해당 분야의 전문지식을 바탕으로 엔지니어링 및 관련기술서비스업, 기술시험, 검사 및 분석관련 업무 등으로 진출이 가능하다.

Part Four

Reference

디자인 관련 법률 지식

디자인 보호법이란?

디자인의 보호 및 이용을 도모함으로써 디자인의 창작을
장려하여 산업발전에 이바지함을 목적으로 하는 법률을 말한다.

- '디자인'이란 물품의 형상·모양·색채 또는 이들을 결합한
  것으로서 시각을 통하여 미감을 일으키게 하는 것을 말한다.

- '글자체'란 기록이나 표시 또는 인쇄 등에 사용하기 위하여
  공통적인 특징을 가진 형태로 만들어진 한 벌의 글자꼴(숫자,
  문장부호 및 기호 등의 형태를 포함한다)을 말한다.

- '등록디자인'이란 디자인등록을 받은 디자인을 말한다.

■ '디자인등록'이란 디자인심사등록 및 디자인일부심사등록을
말한다.

■ '디자인심사등록'이란 디자인등록출원이 디자인등록요건을
모두 갖추고 있는지를 심사하여 등록하는 것을 말한다.

■ '디자인일부심사등록'이란 디자인등록출원이
디자인등록요건 중 일부만을 갖추고 있는지를 심사하여
등록하는 것을 말한다.

■ '실시'란 디자인에 관한 물품을 생산·사용·양도·대여·수출
또는 수입하거나 그 물품을 양도 또는 대여하기 위하여
청약하는 행위를 말한다.

〈디자인등록을 받을 수 있는 사람은? 〉

디자인을 창작한 자 또는 그 승계인은 이 법에서 정하는 바에
의하여 디자인등록을 받을 수 있는 권리를 가진다. 단,
특허청직원 및 특허심판원직원은 상속 또는 유증의 경우를
제외하고는 재직 중 디자인등록을 받을 수 없다.

2인 이상이 공동으로 디자인을 창작한 때에는 디자인등록을
받을 수 있는 권리는 공유로 한다.

〈미성년자 등의 행위능력은?〉

미성년자·한정치산자 또는 금치산자는 법정대리인에 의하지
아니하면 디자인등록에 관한 출원·청구, 그 밖의 절차(이하
'디자인에 관한 절차'라 한다)를 밟을 수 없다. 단, 미성년자와

한정치산자가 독립하여 법률행위를 할 수 있는 경우에는 그렇지 않다.

법정대리인은 친족회의 동의 없이 상대방이 청구한 디자인 무심사 등록 이의신청·심판 또는 재심에 대한 절차를 밟을 수 있다.

〈재외자의 디자인관리인〉

국내에 주소 또는 영업소가 없는 자(이하 '재외자'라 함)는 재외자(법인인 경우에는 그 대표자)가 국내에 체재하는 경우를 제외하고는 그 재외자의 디자인에 관한 대리인으로서 국내에 주소 또는 영업소가 있는 자(이하 '디자인관리인'이라 함)에 의하지 아니하면 디자인에 관한 절차를 밟거나 이 법 또는 이 법에 따른 명령에 따라 행정청이 한 처분에 대하여 소를 제기할 수 없다.

디자인관리인은 위임된 권한의 범위에서 디자인에 관한 절차 및 이 법 또는 이 법에 따른 명령에 따라 행정청이 한 처분에 관한 소송에 대하여 본인을 대리한다.

디자인 지식재산권이란?

　지적재산권, 지적소유권이라고도 한다. 지적소유권에 관한
문제를 담당하는 국제연합의 전문기구인
세계지적재산권기구(WIPO)는 이를 구체적으로 '문학·예술 및
과학작품, 연출, 예술가의 공연·음반 및 방송, 발명, 과학적 발견,
공업의장·등록상표·상호 등에 대한 보호권리와 공업·과학·문학
또는 예술분야의 지적 활동에서 발생하는 기타 모든 권리를
포함한다'고 정의하고 있다.
　이것은 인간의 지적 창작물을 보호하는 무체의 재산권으로서
산업재산권과 저작권으로 크게 분류된다. 산업재산권은 특허청의
심사를 거쳐 등록을 하여야만 보호되고, 저작권은 출판과 동시에
보호되며 그 보호기간은 산업재산권이 10~20년 정도이고,
2013년 7월부터 저작권 보호기간은 저작자의 사후
70년까지이다.
　지적소유권의 문제는 특히 국가와 국가 간에 그 보호장치가
되어 있느냐의 여부와 국가간의 제도상의 차이 때문에 분쟁의
대상이 되고 있다. 오늘날과 같이 정보의 유통이 급속하게
이루어지고 있는 시대에는 어떤 국가가 상당한 시간과 인력 및
비용을 투입하여 얻은 각종 정보와 기술문화가 쉽게 타국으로
흘러들어가기 마련이어서 선진국들은 이를 보호하기 위한
조치를 강화하고 있다.

디자이너가 알아야 할 지식재산권

1. 디자인권 등록, 특허를 신청하기 전에 전시회 혹은 다른 매체에 노출이 있었을 경우 6개월이 넘어가면 안 된다.(등록할 수 없음)

2. 저작권은 창작과 동시에 생기며, 저작권자의 사망 후 70년까지 보호된다.

3. 말투, 복장, 제스처 등 특정 대상을 모방한 것은 저작권이 보호되지 않지만, 아주 독특하거나, 쉽게 따라할 수 없는 스타일은 보호된다.

4. 2차적 저작물은 저작권 침해이다.

5. 글꼴도 저작권은 없다, 우리가 말하는 폰트의 저작권은 그 해당 폰트의 파일이 저작권이 있는 것이다.

6. 기능과 형태가 결합되어 있으면 저작권은 없다. (문손잡이의 디자인과, 문손잡이의 기능)

7. 장식과 기능이 분리되어 있을 때 저작권이 인정된다.

8. 어떠한 기업이 나의 작품을 베껴서 광고로 제작했을 경우, 내가 소송을 걸게 되면 해당 작품의 값어치의 반 정도를 받게 된다. 값어치가 100만원이면 50정도 받게 되는 것이다.

초대 디자이너 및 추천디자이너제도 운영 요령

제1조(목적)

이 요령은 산업디자인진흥법시행령(이하 '영'이라 한다)제8조의3 규정에 의한 초대디자이너 및 추천디자이너제도의 운영에 관한 세부사항을 정함으로써 산업디자인전람회의 수준향상을 도모함을 목적으로 한다.

제2조(초대디자이너)

초대디자이너는 제3조의 규정에 의한 추천디자이너로서 10회 이상 산업디자인전람회에 출품물을 출품한 자 중에서 영 제8조 각호의 부문별로 지식경제부장관이 위촉한다.

제3조(추천디자이너)

추천디자이너는 다음 각 호의 1에 해당하는 자 중에서 영 제8조 각호의 부문별로 지식경제부장관이 위촉한다.
1. 전람회에서 대통령상을 수상한 자
2. 전람회에서 3회에 걸쳐 기관장상이상을 수상한 자
3. 전람회에서 계속하여 3회에 걸쳐 특선이상을 한 자
4. 전람회에서 5회에 걸쳐 특선이상을 한 자
5. 전람회에서 10회에 걸쳐 입선이상을 한 자

제4조(초대디자이너 및 추천디자이너의 출품물 전시 등)

① 초대디자이너 및 추천디자이너는 전람회에 일반 출품물과는 별도로 출품물을 출품하여 전시하도록 할 수 있다.
② 지식경제부장관은 제1항의 규정에 의한 출품물중에서 우수한 출품물에 대하여는 따로 시상할 수 있다.

제5조(추천디자이너의 해촉)

①지식경제부장관은 추천디자이너가 정당한 사유 없이 계속하여 5회 이상 전람회에 출품물을 출품하지 아니한 때에는 그 자격을

해촉할 수 있다.

② 제1항의 규정에 의하여 추천디자이너의 자격이 해촉된 자는 그 명칭을 사용하여서는 안 된다.

디자인보호법

제1조(목적)

이 법은 디자인의 보호와 이용을 도모함으로써 디자인의 창작을 장려하여 산업발전에 이바지함을 목적으로 한다.

제2조(정의)

이 법에서 사용하는 용어의 뜻은 다음과 같다.

1. "디자인"이란 물품[물품의 부분(제42조는 제외한다) 및 글자체를 포함한다. 이하 같다]의 형상·모양·색채 또는 이들을 결합한 것으로서 시각을 통하여 미감(美感)을 일으키게 하는 것을 말한다.

2. "글자체"란 기록이나 표시 또는 인쇄 등에 사용하기 위하여 공통적인 특징을 가진 형태로 만들어진 한 벌의 글자꼴(숫자, 문장부호 및 기호 등의 형태를 포함한다)을 말한다.

3. "등록디자인"이란 디자인등록을 받은 디자인을 말한다.

4. "디자인등록"이란 디자인심사등록 및 디자인일부심사등록을 말한다.

5. "디자인심사등록"이란 디자인등록출원이 디자인등록요건을 모두 갖추고 있는지를 심사하여 등록하는 것을 말한다.

6. "디자인일부심사등록"이란 디자인등록출원이 디자인등록요건 중 일부만을 갖추고 있는지를 심사하여 등록하는 것을 말한다.

7. "실시"란 디자인에 관한 물품을 생산·사용·양도·대여·수출 또는 수입하거나 그 물품을 양도 또는 대여하기 위하여 청약(양도나 대여를 위한 전시를 포함한다. 이하 같다)하는 행위를 말한다.

제3조(디자인등록을 받을 수 있는 자)

① 디자인을 창작한 사람 또는 그 승계인은 이 법에서 정하는 바에 따라 디자인등록을 받을 수 있는 권리를 가진다. 다만, 특허청 또는 특허심판원 직원은 상속 또는 유증(遺贈)의 경우를 제외하고는 재직 중 디자인등록을 받을 수 없다.

② 2명 이상이 공동으로 디자인을 창작한 경우에는 디자인등록을 받을 수 있는 권리를 공유(共有)한다.

제4조(미성년자 등의 행위능력)

① 미성년자·피한정후견인 또는 피성년후견인은 법정대리인에 의하지 아니하면 디자인등록에 관한 출원·청구, 그 밖의 절차(이하 "디자인에 관한 절차"라 한다)를 밟을 수 없다. 다만, 미성년자와 피한정후견인이 독립하여 법률행위를 할 수 있는 경우에는 그러하지 아니하다.

② 제1항의 법정대리인은 후견감독인의 동의 없이 상대방이 청구한 디자인일부심사등록 이의신청, 심판 또는 재심에 대한 절차를 밟을 수 있다.

제5조(법인이 아닌 사단 등)

법인이 아닌 사단 또는 재단으로서 대표자 또는 관리인이 정하여져 있는 경우에는 그 사단 또는 재단의 이름으로 디자인일부심사등록 이의신청인, 심판의 청구인·피청구인 또는 재심의 청구인·피청구인이 될 수 있다.

제6조(재외자의 디자인관리인)

① 국내에 주소 또는 영업소가 없는 자(이하 "재외자"라 한다)는 재외자(법인인 경우에는 그 대표자)가 국내에 체류하는 경우를 제외하고는 그 재외자의 디자인에 관한 대리인으로서 국내에 주소 또는 영업소가 있는 자(이하 "디자인관리인"이라 한다)에 의하지 아니하면 디자인에 관한 절차를 밟거나 이 법 또는 이 법에 따른 명령에 따라 행정청이 한 처분에 대하여 소(訴)를 제기할 수 없다.

② 디자인관리인은 위임된 권한의 범위에서 디자인에 관한 절차 및 이 법 또는 이 법에 따른 명령에 따라 행정청이 한 처분에 관한 소송에서 본인을 대리한다.

제10조(대리권의 불소멸)

디자인에 관한 절차를 밟는 자의 위임을 받은 대리인의 대리권은 다음 각 호의 사유가 있어도
소멸하지 아니한다.

1. 본인의 사망이나 행위능력의 상실
2. 본인인 법인의 합병에 의한 소멸
3. 본인인 수탁자의 신탁임무 종료
4. 법정대리인의 사망이나 행위능력의 상실
5. 법정대리인의 대리권 소멸이나 변경

제11조(개별대리)

디자인에 관한 절차를 밟는 자의 대리인이 2인 이상이면 특허청장 또는 특허심판원장에 대하여
각각의 대리인이 본인을 대리한다.

제12조(대리인의 선임 또는 교체 명령 등)

① 특허청장 또는 제132조에 따라 지정된 심판장(이하 "심판장"이라 한다)은 디자인에 관한 절차를
밟는 자가 그 절차를 원활히 수행할 수 없거나 구술심리에서 진술할 능력이 없다고 인정되는 등 그
절차를 밟는 데에 적당하지 아니하다고 인정하면 대리인이 그 절차를 밟을 것을 명할 수 있다.

② 특허청장 또는 심판장은 디자인에 관한 절차를 밟는 자의 대리인이 그 절차를 원활히 수행할 수
없거나 구술심리에서 진술할 능력이 없다고 인정되는 등 그 절차를 밟는 데에 적당하지 아니하다고
인정하면 그 대리인을 바꿀 것을 명할 수 있다.

③ 특허청장 또는 심판장은 제1항 및 제2항의 경우에 변리사로 하여금 대리하게 할 것을 명할 수
있다.

④ 특허청장 또는 심판장은 제1항 또는 제2항에 따라 대리인의 선임 또는 교체명령을 한 경우에는
제1항에 따른 디자인에 관한 절차를 밟는 자 또는 제2항에 따른 대리인이 그 전에 특허청장 또는
특허심판원장에 대하여 한 디자인에 관한 절차의 전부 또는 일부를 디자인에 관한 절차를 밟는 자의
신청에 따라 무효로 할 수 있다.

제15조(재외자의 재판관할)

재외자의 디자인권 또는 디자인에 관한 권리에 관하여 디자인관리인이 있으면 그 디자인관리인의
주소 또는 영업소를, 디자인관리인이 없으면 특허청 소재지를 「민사소송법」 제11조에 따른 재산이
있는 곳으로 본다.

제16조(기간의 계산)

이 법 또는 이 법에 따른 명령에서 정한 기간의 계산은 다음 각 호에 따른다.

1. 기간의 첫날은 계산에 넣지 아니한다. 다만, 그 기간이 오전 0시부터 시작하는 경우에는 그러하지 아니하다.

2. 기간을 월 또는 연으로 정한 경우에는 역(曆)에 따라 계산한다.

3. 월 또는 연의 처음부터 기간을 기산(起算)하지 아니하는 경우에는 마지막 월 또는 연에서 그 기산일에 해당하는 날의 전날로 기간이 만료한다. 다만, 월 또는 연으로 정한 경우에 마지막 월에 해당하는 날이 없으면 그 월의 마지막 날로 기간이 만료한다.

4. 디자인에 관한 절차에서 기간의 마지막 날이 토요일이나 공휴일(「勤勞者의날制定에관한法律」에 따른 근로자의 날을 포함한다)에 해당하면 기간은 그 다음 날로 만료한다.

제30조(전자문서에 의한 디자인에 관한 절차의 수행)

① 디자인에 관한 절차를 밟는 자는 이 법에 따라 특허청장 또는 특허심판원장에게 제출하는 디자인등록출원서, 그 밖의 서류를 산업통상자원부령으로 정하는 방식에 따라 전자문서화하고 이를 정보통신망을 이용하여 제출하거나 이동식 저장장치 또는 광디스크 등 전자적 기록매체에 수록하여 제출할 수 있다.

② 제1항에 따라 제출된 전자문서는 이 법에 따라 제출된 서류와 같은 효력을 가진다.

③ 제1항에 따라 정보통신망을 이용하여 제출된 전자문서는 그 문서의 제출인이 정보통신망을 통하여 접수번호를 확인할 수 있는 때에 특허청 또는 특허심판원에서 사용하는 접수용 전산정보처리조직의 파일에 기록된 내용으로 접수된 것으로 본다.

④ 제1항에 따라 전자문서로 제출할 수 있는 서류의 종류·제출방법, 그 밖에 전자문서에 의한 서류의 제출에 필요한 사항은 산업통상자원부령으로 정한다.

제33조(디자인등록의 요건)

① 공업상 이용할 수 있는 디자인으로서 다음 각 호의 어느 하나에 해당하는 것을 제외하고는 그 디자인에 대하여 디자인등록을 받을 수 있다.

　1. 디자인등록출원 전에 국내 또는 국외에서 공지(公知)되었거나 공연(公然)히 실시된 디자인

　2. 디자인등록출원 전에 국내 또는 국외에서 반포된 간행물에 게재되었거나 전기통신회선을 통하여 공중(公衆)이 이용할 수 있게 된 디자인

　3. 제1호 또는 제2호에 해당하는 디자인과 유사한 디자인

② 디자인등록출원 전에 그 디자인이 속하는 분야에서 통상의 지식을 가진 사람이 다음 각 호의 어느 하나에 따라 쉽게 창작할 수 있는 디자인(제1항 각 호의 어느 하나에 해당하는 디자인은 제외한다)은 제1항에도 불구하고 디자인등록을 받을 수 없다.

　1. 제1항제1호·제2호에 해당하는 디자인 또는 이들의 결합

　2. 국내 또는 국외에서 널리 알려진 형상·모양·색채 또는 이들의 결합

③ 디자인등록출원한 디자인이 그 출원을 한 후에 제52조, 제56조 또는 제90조제3항에 따라 디자인공보에 게재된 다른 디자인등록출원(그 디자인등록출원일 전에 출원된 것으로 한정한다)의

출원서의 기재사항 및 출원서에 첨부된 도면·사진 또는 견본에 표현된 디자인의 일부와 동일하거나 유사한 경우에 그 디자인은 제1항에도 불구하고 디자인등록을 받을 수 없다. 다만, 그 디자인등록출원의 출원인과 다른 디자인등록출원의 출원인이 같은 경우에는 그러하지 아니하다.

제34조(디자인등록을 받을 수 없는 디자인)
다음 각 호의 어느 하나에 해당하는 디자인에 대하여는 제33조에도 불구하고 디자인등록을 받을 수 없다.
1. 국기, 국장(國章), 군기(軍旗), 훈장, 포장, 기장(記章), 그 밖의 공공기관 등의 표장과 외국의 국기, 국장 또는 국제기관 등의 문자나 표지와 동일하거나 유사한 디자인
2. 디자인이 주는 의미나 내용 등이 일반인의 통상적인 도덕관념이나 선량한 풍속에 어긋나거나 공공질서를 해칠 우려가 있는 디자인
3. 타인의 업무와 관련된 물품과 혼동을 가져올 우려가 있는 디자인
4. 물품의 기능을 확보하는 데에 불가결한 형상만으로 된 디자인

제35조(관련디자인)
① 디자인권자 또는 디자인등록출원인은 자기의 등록디자인 또는 디자인등록출원한 디자인(이하 "기본디자인"이라 한다)과만 유사한 디자인(이하 "관련디자인"이라 한다)에 대하여는 그 기본디자인의 디자인등록출원일부터 1년 이내에 디자인등록출원된 경우에 한하여 제33조제1항 각 호 및 제46조제1항·제2항에도 불구하고 관련디자인으로 디자인등록을 받을 수 있다.
② 제1항에 따라 디자인등록을 받은 관련디자인 또는 디자인등록출원된 관련디자인과만 유사한 디자인은 디자인등록을 받을 수 없다.
③ 기본디자인의 디자인권에 제97조에 따른 전용실시권(이하 "전용실시권"이라 한다)이 설정되어 있는 경우에는 그 기본디자인에 관한 관련디자인에 대하여는 제1항에도 불구하고 디자인등록을 받을 수 없다.

제39조(공동출원)
제3조제2항에 따른 디자인등록을 받을 수 있는 권리가 공유인 경우에는 공유자 모두가 공동으로 디자인등록출원을 하여야 한다.

제40조(1디자인 1디자인등록출원)
① 디자인등록출원은 1디자인마다 1디자인등록출원으로 한다.
② 디자인등록출원을 하려는 자는 산업통상자원부령으로 정하는 물품류 구분에 따라야 한다.

제41조(복수디자인등록출원)
디자인등록출원을 하려는 자는 제40조제1항에도 불구하고 산업통상자원부령으로 정하는 물품류

구분에서 같은 물품류에 속하는 물품에 대하여는 100 이내의 디자인을 1디자인등록출원(이하 "복수디자인등록출원"이라 한다)으로 할 수 있다. 이 경우 1 디자인마다 분리하여 표현하여야 한다.

제42조(한 벌의 물품의 디자인)
① 2 이상의 물품이 한 벌의 물품으로 동시에 사용되는 경우 그 한 벌의 물품의 디자인이 한 벌 전체로서 통일성이 있을 때에는 1디자인으로 디자인등록을 받을 수 있다.
② 제1항에 따른 한 벌의 물품의 구분은 산업통상자원부령으로 정한다.

제43조(비밀디자인)
① 디자인등록출원인은 디자인권의 설정등록일부터 3년 이내의 기간을 정하여 그 디자인을 비밀로 할 것을 청구할 수 있다. 이 경우 복수디자인등록출원된 디자인에 대하여는 출원된 디자인의 전부 또는 일부에 대하여 청구할 수 있다.
② 디자인등록출원인은 디자인등록출원을 한 날부터 최초의 디자인등록료를 내는 날까지 제1항의 청구를 할 수 있다. 다만, 제86조제1항제1호 및 제2항에 따라 그 등록료가 면제된 경우에는 제90조제2항 각 호의 어느 하나에 따라 특허청장이 디자인권을 설정등록할 때까지 할 수 있다.
③ 디자인등록출원인 또는 디자인권자는 제1항에 따라 지정한 기간을 청구에 의하여 단축하거나 연장할 수 있다. 이 경우 그 기간을 연장하는 경우에는 디자인권의 설정등록일부터 3년을 초과할 수 없다.
④ 특허청장은 다음 각 호의 어느 하나에 해당하는 경우에는 비밀디자인의 열람청구에 응하여야 한다.
  1. 디자인권자의 동의를 받은 자가 열람청구한 경우
  2. 그 비밀디자인과 동일하거나 유사한 디자인에 관한 심사, 디자인일부심사등록 이의신청, 심판, 재심 또는 소송의 당사자나 참가인이 열람청구한 경우
  3. 디자인권 침해의 경고를 받은 사실을 소명한 자가 열람청구한 경우
  4. 법원 또는 특허심판원이 열람청구한 경우
⑤ 제4항에 따라 비밀디자인을 열람한 자는 그 열람한 내용을 무단으로 촬영·복사 등의 방법으로 취득하거나 알게 된 내용을 누설하여서는 아니 된다.
⑥ 제52조에 따른 출원공개신청을 한 경우에는 제1항에 따른 청구는 철회된 것으로 본다.

제44조(무권리자의 디자인등록출원과 정당한 권리자의 보호)
디자인 창작자가 아닌 자로서 디자인등록을 받을 수 있는 권리의 승계인이 아닌 자(이하 "무권리자"라 한다)가 한 디자인등록출원이 제62조제1항제1호에 해당하여 디자인등록거절결정 또는 거절한다는 취지의 심결이 확정된 경우에는 그 무권리자의 디자인등록출원 후에 한 정당한 권리자의 디자인등록출원은 무권리자가 디자인등록출원한 때에 디자인등록출원한 것으로 본다. 다만, 디자인등록거절결정 또는 거절한다는 취지의 심결이 확정된 날부터 30일이 지난 후에 정당한

권리자가 디자인등록출원을 한 경우에는 그러하지 아니하다.

제45조(무권리자의 디자인등록과 정당한 권리자의 보호)
무권리자라는 사유로 디자인등록에 대한 취소결정 또는 무효심결이 확정된 경우에는 그
디자인등록출원 후에 한 정당한 권리자의 디자인등록출원은 취소 또는 무효로 된 그 등록디자인의
디자인등록출원 시에 디자인등록출원을 한 것으로 본다. 다만, 취소결정 또는 무효심결이 확정된
날부터 30일이 지난 후에 디자인등록출원을 한 경우에는 그러하지 아니하다.

제46조(선출원)
① 동일하거나 유사한 디자인에 대하여 다른 날에 2 이상의 디자인등록출원이 있는 경우에는 먼저
디자인등록출원한 자만이 그 디자인에 관하여 디자인등록을 받을 수 있다.
② 동일하거나 유사한 디자인에 대하여 같은 날에 2 이상의 디자인등록출원이 있는 경우에는
디자인등록출원인이 협의하여 정한 하나의 디자인등록출원인만이 그 디자인에 대하여
디자인등록을 받을 수 있다. 협의가 성립하지 아니하거나 협의를 할 수 없는 경우에는 어느
디자인등록출원인도 그 디자인에 대하여 디자인등록을 받을 수 없다.
③ 디자인등록출원이 무효·취하·포기되거나 제62조에 따른 디자인등록거절결정 또는
거절한다는 취지의 심결이 확정된 경우 그 디자인등록출원은 제1항 및 제2항을 적용할 때에는
처음부터 없었던 것으로 본다. 다만, 제2항 후단에 해당하여 제62조에 따른 디자인등록거절결정이나
거절한다는 취지의 심결이 확정된 경우에는 그러하지 아니하다.
④ 무권리자가 한 디자인등록출원은 제1항 및 제2항을 적용할 때에는 처음부터 없었던 것으로 본다.
⑤ 특허청장은 제2항의 경우에 디자인등록출원인에게 기간을 정하여 협의의 결과를 신고할 것을
명하고 그 기간 내에 신고가 없으면 제2항에 따른 협의는 성립되지 아니한 것으로 본다.

제50조(출원의 분할)
① 다음 각 호의 어느 하나에 해당하는 자는 디자인등록출원의 일부를 1 이상의 새로운
디자인등록출원으로 분할하여 디자인등록출원을 할 수 있다.
　　1. 제40조를 위반하여 2 이상의 디자인을 1디자인등록출원으로 출원한 자
　　2. 복수디자인등록출원을 한 자
② 제1항에 따라 분할된 디자인등록출원(이하 "분할출원"이라 한다)이 있는 경우 그 분할출원은
최초에 디자인등록출원을 한 때에 출원한 것으로 본다. 다만, 제36조제2항제1호 또는 제51조제3항
및 제4항을 적용할 때에는 그러하지 아니하다.
③ 제1항에 따른 디자인등록출원의 분할은 제48조제4항에 따른 보정을 할 수 있는 기간에 할 수
있다.

제54조(디자인등록을 받을 수 있는 권리의 이전 등)

① 디자인등록을 받을 수 있는 권리는 이전할 수 있다. 다만, 기본디자인등록을 받을 수 있는 권리와 관련디자인등록을 받을 수 있는 권리는 함께 이전하여야 한다.

② 디자인등록을 받을 수 있는 권리는 질권의 목적으로 할 수 없다.

③ 디자인등록을 받을 수 있는 권리가 공유인 경우에는 각 공유자는 다른 공유자 모두의 동의를 받지 아니하면 그 지분을 양도할 수 없다.

제57조(디자인등록을 받을 수 있는 권리의 승계)

① 디자인등록출원 전에 디자인등록을 받을 수 있는 권리의 승계에 대하여는 그 승계인이 디자인등록출원을 하지 아니하면 제3자에게 대항할 수 없다.

② 같은 자로부터 디자인등록을 받을 수 있는 권리를 승계한 자가 2 이상인 경우로서 같은 날에 2 이상의 디자인등록출원이 있을 때에는 디자인등록출원인이 협의하여 정한 자에게만 승계의 효력이 발생한다.

③ 디자인등록출원 후에는 디자인등록을 받을 수 있는 권리의 승계는 상속이나 그 밖의 일반승계의 경우를 제외하고는 디자인등록출원인 변경신고를 하지 아니하면 그 효력이 발생하지 아니한다.

④ 디자인등록을 받을 수 있는 권리의 상속이나 그 밖의 일반승계가 있는 경우에는 승계인은 지체 없이 그 취지를 특허청장에게 신고하여야 한다.

⑤ 같은 자로부터 디자인등록을 받을 수 있는 권리를 승계한 자가 2 이상인 경우로서 같은 날에 2 이상의 디자인등록출원인 변경신고가 있을 때에는 신고를 한 자 간에 협의하여 정한 자에게만 신고의 효력이 발생한다.

⑥ 제2항 및 제5항의 경우에는 제46조제5항을 준용한다.

제90조(디자인권의 설정등록)

① 디자인권은 설정등록에 의하여 발생한다.

② 특허청장은 다음 각 호의 어느 하나에 해당하는 경우에는 디자인권을 설정하기 위한 등록을 하여야 한다.

　　1. 제79조제1항에 따라 등록료를 냈을 때

　　2. 제82조제1항에 따라 등록료를 추가납부하였을 때

　　3. 제83조제2항에 따라 등록료를 보전하였을 때

　　4. 제84조제1항에 따라 등록료를 내거나 보전하였을 때

　　5. 제86조제1항제1호 또는 제2항에 따라 그 등록료가 면제되었을 때

③ 특허청장은 제2항에 따라 등록한 경우에는 디자인권자의 성명·주소 및 디자인등록번호 등 대통령령으로 정하는 사항을 디자인공보에 게재하여 등록공고를 하여야 한다.

제91조(디자인권의 존속기간)

① 디자인권은 제90조제1항에 따라 설정등록한 날부터 발생하여 디자인등록출원일 후 20년이 되는

날까지 존속한다. 다만, 제35조에 따라 관련디자인으로 등록된 디자인권의 존속기간 만료일은 그 기본디자인의 디자인권 존속기간 만료일로 한다.

② 정당한 권리자의 디자인등록출원이 제44조 및 제45조에 따라 디자인권이 설정등록된 경우에는 제1항의 디자인권 존속기간은 무권리자의 디자인등록출원일 다음 날부터 기산한다.

제92조(디자인권의 효력)
디자인권자는 업으로서 등록디자인 또는 이와 유사한 디자인을 실시할 권리를 독점한다. 다만, 그 디자인권에 관하여 전용실시권을 설정하였을 때에는 제97조제2항에 따라 전용실시권자가 그 등록디자인 또는 이와 유사한 디자인을 실시할 권리를 독점하는 범위에서는 그러하지 아니하다.

제93조(등록디자인의 보호범위)
등록디자인의 보호범위는 디자인등록출원서의 기재사항 및 그 출원서에 첨부된 도면·사진 또는 견본과 도면에 적힌 디자인의 설명에 따라 표현된 디자인에 의하여 정하여진다.

제94조(디자인권의 효력이 미치지 아니하는 범위)
① 디자인권의 효력은 다음 각 호의 어느 하나에 해당하는 사항에는 미치지 아니한다.
  1. 연구 또는 시험을 하기 위한 등록디자인 또는 이와 유사한 디자인의 실시
  2. 국내를 통과하는 데에 불과한 선박·항공기·차량 또는 이에 사용되는 기계·기구·장치, 그 밖의 물건
  3. 디자인등록출원 시부터 국내에 있던 물건
② 글자체가 디자인권으로 설정등록된 경우 그 디자인권의 효력은 다음 각 호의 어느 하나에 해당하는 경우에는 미치지 아니한다.
  1. 타자·조판 또는 인쇄 등의 통상적인 과정에서 글자체를 사용하는 경우
  2. 제1호에 따른 글자체의 사용으로 생산된 결과물인 경우

제95조(타인의 등록디자인 등과의 관계)
① 디자인권자·전용실시권자 또는 통상실시권자는 등록디자인이 그 디자인등록출원일 전에 출원된 타인의 등록디자인 또는 이와 유사한 디자인·특허발명·등록실용신안 또는 등록상표를 이용하거나 디자인권이 그 디자인권의 디자인등록출원일 전에 출원된 타인의 특허권·실용신안권 또는 상표권과 저촉되는 경우에는 그 디자인권자·특허권자·실용신안권자 또는 상표권자의 허락을 받지 아니하거나 제123조에 따르지 아니하고는 자기의 등록디자인을 업으로서 실시할 수 없다.
② 디자인권자·전용실시권자 또는 통상실시권자는 그 등록디자인과 유사한 디자인이 그 디자인등록출원일 전에 출원된 타인의 등록디자인 또는 이와 유사한 디자인·특허발명·등록실용신안 또는 등록상표를 이용하거나 그 디자인권의 등록디자인과 유사한

디자인이 디자인등록출원일 전에 출원된 타인의 디자인권·특허권·실용신안권 또는 상표권과 저촉되는 경우에는 그 디자인권자·특허권자·실용신안권자 또는 상표권자의 허락을 받지 아니하거나 제123조에 따르지 아니하고는 자기의 등록디자인과 유사한 디자인을 업으로서 실시할 수 없다.
③ 디자인권자·전용실시권자 또는 통상실시권자는 등록디자인 또는 이와 유사한 디자인이 그 디자인등록출원일 전에 발생한 타인의 저작물을 이용하거나 그 저작권에 저촉되는 경우에는 저작권자의 허락을 받지 아니하고는 자기의 등록디자인 또는 이와 유사한 디자인을 업으로서 실시할 수 없다.

제96조(디자인권의 이전 및 공유 등)
① 디자인권은 이전할 수 있다. 다만, 기본디자인의 디자인권과 관련디자인의 디자인권은 같은 자에게 함께 이전하여야 한다.
② 디자인권이 공유인 경우에 각 공유자는 다른 공유자의 동의를 받지 아니하면 그 지분을 이전하거나 그 지분을 목적으로 하는 질권을 설정할 수 없다.
③ 디자인권이 공유인 경우에는 각 공유자는 계약으로 특별히 약정한 경우를 제외하고는 다른 공유자의 동의를 받지 아니하고 그 등록디자인 또는 이와 유사한 디자인을 단독으로 실시할 수 있다.
④ 디자인권이 공유인 경우에는 각 공유자는 다른 공유자의 동의를 받지 아니하면 그 디자인권에 대하여 전용실시권을 설정하거나 통상실시권을 허락할 수 없다.
⑤ 복수디자인등록된 디자인권은 각 디자인권마다 분리하여 이전할 수 있다.
⑥ 기본디자인의 디자인권이 취소, 포기 또는 무효심결 등으로 소멸한 경우 그 기본디자인에 관한 2 이상의 관련디자인의 디자인권을 이전하려면 같은 자에게 함께 이전하여야 한다.

제97조(전용실시권)
① 디자인권자는 그 디자인권에 대하여 타인에게 전용실시권을 설정할 수 있다. 다만, 기본디자인의 디자인권과 관련디자인의 디자인권에 대한 전용실시권은 같은 자에게 동시에 설정하여야 한다.
② 전용실시권을 설정받은 전용실시권자는 그 설정행위로 정한 범위에서 그 등록디자인 또는 이와 유사한 디자인을 업으로서 실시할 권리를 독점한다.
③ 전용실시권자는 실시사업(實施事業)과 같이 이전하는 경우 또는 상속이나 그 밖의 일반승계의 경우를 제외하고는 디자인권자의 동의를 받지 아니하면 그 전용실시권을 이전할 수 없다.
④ 전용실시권자는 디자인권자의 동의를 받지 아니하면 그 전용실시권을 목적으로 하는 질권을 설정하거나 통상실시권을 허락할 수 없다.
⑤ 전용실시권에 관하여는 제96조제2항부터 제4항까지의 규정을 준용한다.
⑥ 기본디자인의 디자인권이 취소, 포기 또는 무효심결 등으로 소멸한 경우 그 기본디자인에 관한 2 이상의 관련디자인의 전용실시권을 설정하려면 같은 자에게 함께 설정하여야 한다.

제98조(디자인권 및 전용실시권 등록의 효력)

① 다음 각 호에 해당하는 사항은 등록하지 아니하면 효력이 발생하지 아니한다.

    1. 디자인권의 이전(상속이나 그 밖의 일반승계에 의한 경우는 제외한다), 포기에 의한 소멸 또는 처분의 제한

    2. 전용실시권의 설정·이전(상속이나 그 밖의 일반승계에 의한 경우는 제외한다)·변경·소멸(혼동에 의한 경우는 제외한다) 또는 처분의 제한

    3. 디자인권 또는 전용실시권을 목적으로 하는 질권의 설정·이전(상속이나 그 밖의 일반승계에 의한 경우는 제외한다)·변경·소멸(혼동에 의한 경우는 제외한다) 또는 처분의 제한

② 제1항 각 호에 따른 디자인권·전용실시권 및 질권의 상속이나 그 밖의 일반승계의 경우에는 지체 없이 그 취지를 특허청장에게 신고하여야 한다.

제99조(통상실시권)

① 디자인권자는 그 디자인권에 대하여 타인에게 통상실시권을 허락할 수 있다.

② 통상실시권자는 이 법에 따라 또는 설정행위로 정한 범위에서 그 등록디자인 또는 이와 유사한 디자인을 업으로서 실시할 수 있는 권리를 가진다.

③ 제123조에 따른 통상실시권은 그 통상실시권자의 해당 디자인권·전용실시권 또는 통상실시권과 함께 이전되고 해당 디자인권·전용실시권 또는 통상실시권이 소멸되면 함께 소멸된다.

④ 제3항 외의 통상실시권은 실시사업과 같이 이전하는 경우 또는 상속이나 그 밖의 일반승계의 경우를 제외하고는 디자인권자(전용실시권자로부터 통상실시권을 허락받은 경우에는 디자인권자 및 전용실시권자)의 동의를 받지 아니하면 이전할 수 없다.

⑤ 제3항 외의 통상실시권은 디자인권자(전용실시권자로부터 통상실시권을 허락받은 경우에는 디자인권자 및 전용실시권자)의 동의를 받지 아니하면 그 통상실시권을 목적으로 하는 질권을 설정할 수 없다.

⑥ 통상실시권에 관하여는 제96조제2항·제3항을 준용한다.

제100조(선사용에 따른 통상실시권)

디자인등록출원 시에 그 디자인등록출원된 디자인의 내용을 알지 못하고 그 디자인을 창작하거나 그 디자인을 창작한 사람으로부터 알게 되어 국내에서 그 등록디자인 또는 이와 유사한 디자인의 실시사업을 하거나 그 사업의 준비를 하고 있는 자는 그 실시 또는 준비를 하고 있는 디자인 및 사업의 목적 범위에서 그 디자인등록출원된 디자인의 디자인권에 대하여 통상실시권을 가진다.

제101조(선출원에 따른 통상실시권)

타인의 디자인권이 설정등록되는 때에 그 디자인등록출원된 디자인의 내용을 알지 못하고 그 디자인을 창작하거나 그 디자인을 창작한 사람으로부터 알게 되어 국내에서 그 디자인 또는 이와 유사한 디자인의 실시사업을 하거나 그 사업의 준비를 하고 있는 자(제100조에 해당하는 자는

제외한다)는 다음 각 호의 요건을 모두 갖춘 경우에 한정하여 그 실시 또는 준비를 하고 있는 디자인 및 사업의 목적 범위에서 그 디자인권에 대하여 통상실시권을 가진다.

　　1. 타인이 디자인권을 설정등록받기 위하여 디자인등록출원을 한 날 전에 그 디자인 또는 이와
　　유사한 디자인에 대하여 디자인등록출원을 하였을 것

　　2. 타인의 디자인권이 설정등록되는 때에 제1호에 따른 디자인등록출원에 관한 디자인의
　　실시사업을 하거나 그 사업의 준비를 하고 있을 것

　　3. 제1호 중 먼저 디자인등록출원한 디자인이 제33조제1항 각 호의 어느 하나에 해당하여
　　디자인등록거절결정이나 거절한다는 취지의 심결이 확정되었을 것

제102조(무효심판청구 등록 전의 실시에 의한 통상실시권)
① 다음 각 호의 어느 하나에 해당하는 자가 디자인등록에 대한 무효심판청구의 등록 전에 자기의 등록디자인이 무효사유에 해당하는 것을 알지 못하고 국내에서 그 디자인 또는 이와 유사한 디자인의 실시사업을 하거나 그 사업의 준비를 하고 있는 경우에는 그 실시 또는 준비를 하고 있는 디자인 및 사업의 목적 범위에서 그 디자인권에 대하여 통상실시권을 가진다.

　　1. 동일하거나 유사한 디자인에 대한 2 이상의 등록디자인 중 그 하나의 디자인등록을 무효로 한
　　경우의 원(原)디자인권자

　　2. 디자인등록을 무효로 하고 동일하거나 유사한 디자인에 관하여 정당한 권리자에게
　　디자인등록을 한 경우의 원디자인권자

② 제1항제1호 및 제2호의 경우에 있어서 그 무효로 된 디자인권에 대하여 무효심판청구 등록 당시에 이미 전용실시권이나 통상실시권 또는 그 전용실시권에 대한 통상실시권을 취득한 자로서 다음 각 호의 어느 하나에 해당하는 자는 통상실시권을 가진다.

　　1. 해당 통상실시권 또는 전용실시권의 등록을 받은 자

　　2. 제104조제2항에 해당하는 통상실시권을 취득한 자

③ 제1항 및 제2항에 따라 통상실시권을 가지는 자는 디자인권자 또는 전용실시권자에게 상당한 대가를 지급하여야 한다.

제103조(디자인권 등의 존속기간 만료 후의 통상실시권)
① 등록디자인과 유사한 디자인이 그 디자인등록출원일 전 또는 디자인등록출원일과 같은 날에 출원되어 등록된 디자인권(이하 "원디자인권"이라 한다)과 저촉되는 경우 원디자인권의 존속기간이 만료되는 때에는 원디자인권자는 원디자인권의 범위에서 그 디자인권에 대하여 통상실시권을 가지거나 원디자인권의 존속기간 만료 당시 존재하는 그 디자인권의 전용실시권에 대하여 통상실시권을 가진다.

② 제1항의 경우 원디자인권의 만료 당시 존재하는 원디자인권에 대한 전용실시권자 또는 제104조제1항에 따라 등록된 통상실시권자는 원권리의 범위에서 그 디자인권에 대하여 통상실시권을 가지거나 원디자인권의 존속기간 만료 당시 존재하는 그 디자인권의 전용실시권에

대하여 통상실시권을 가진다.

③ 등록디자인 또는 이와 유사한 디자인이 그 디자인등록출원일 전 또는 디자인등록출원일과 같은 날에 출원되어 등록된 특허권·실용신안권과 저촉되고 그 특허권 또는 실용신안권의 존속기간이 만료되는 경우에 관하여는 제1항 및 제2항을 준용한다.

④ 제2항(제3항에서 준용하는 경우를 포함한다)에 따라 통상실시권을 갖는 자는 그 디자인권자 또는 그 디자인권에 대한 전용실시권자에게 상당한 대가를 지급하여야 한다.

제104조(통상실시권 등록의 효력)

① 통상실시권을 등록한 경우에는 그 등록 후에 디자인권 또는 전용실시권을 취득한 자에 대하여도 그 효력이 발생한다.

② 제84조제5항, 제100조부터 제103조까지, 제110조, 제162조, 제163조 및 「발명진흥법」 제10조제1항에 따른 통상실시권은 등록이 없더라도 제1항에 따른 효력이 발생한다.

③ 통상실시권의 이전·변경·소멸 또는 처분의 제한, 통상실시권을 목적으로 하는 질권의 설정·이전·변경·소멸 또는 처분의 제한은 등록하지 아니하면 제3자에게 대항할 수 없다.

제113조(권리침해에 대한 금지청구권 등)

① 디자인권자 또는 전용실시권자는 자기의 권리를 침해한 자 또는 침해할 우려가 있는 자에 대하여 그 침해의 금지 또는 예방을 청구할 수 있다.

② 제43조제1항에 따라 비밀로 할 것을 청구한 디자인의 디자인권자 및 전용실시권자는 산업통상자원부령으로 정하는 바에 따라 그 디자인에 관한 다음 각 호의 사항에 대하여 특허청장으로부터 증명을 받은 서면을 제시하여 경고한 후가 아니면 제1항에 따른 청구를 할 수 없다.

  1. 디자인권자 및 전용실시권자(전용실시권자가 청구하는 경우만 해당한다)의 성명 및 주소(법인인 경우에는 그 명칭 및 주된 사무소의 소재지를 말한다)

  2. 디자인등록출원번호 및 출원일

  3. 디자인등록번호 및 등록일

  4. 디자인등록출원서에 첨부한 도면·사진 또는 견본의 내용

③ 디자인권자 또는 전용실시권자는 제1항에 따른 청구를 할 때에는 침해행위를 조성한 물품의 폐기, 침해행위에 제공된 설비의 제거, 그 밖에 침해의 예방에 필요한 행위를 청구할 수 있다.

제114조(침해로 보는 행위)

등록디자인이나 이와 유사한 디자인에 관한 물품의 생산에만 사용하는 물품을 업으로서 생산·양도·대여·수출 또는 수입하거나 업으로서 그 물품의 양도 또는 대여의 청약을 하는 행위는 그 디자인권 또는 전용실시권을 침해한 것으로 본다.

제115조(손해액의 추정 등)

① 디자인권자 또는 전용실시권자는 고의나 과실로 인하여 자기의 디자인권 또는 전용실시권을 침해한 자에 대하여 그 침해에 의하여 자기가 입은 손해의 배상을 청구하는 경우 그 권리를 침해한 자가 그 침해행위를 하게 한 물건을 양도하였을 때에는 그 물건의 양도수량에 디자인권자 또는 전용실시권자가 그 침해행위가 없었다면 판매할 수 있었던 물건의 단위수량당 이익액을 곱한 금액을 디자인권자 또는 전용실시권자가 입은 손해액으로 할 수 있다.

② 제1항에 따라 손해액을 산정하는 경우 손해액은 디자인권자 또는 전용실시권자가 생산할 수 있었던 물건의 수량에서 실제 판매한 물건의 수량을 뺀 수량에 단위수량당 이익액을 곱한 금액을 한도로 한다. 다만, 디자인권자 또는 전용실시권자가 침해행위 외의 사유로 판매할 수 없었던 사정이 있을 때에는 그 침해행위 외의 사유로 판매할 수 없었던 수량에 따른 금액을 빼야 한다.

③ 디자인권자 또는 전용실시권자가 고의나 과실로 자기의 디자인권 또는 전용실시권을 침해한 자에 대하여 그 침해에 의하여 자기가 입은 손해의 배상을 청구하는 경우 권리를 침해한 자가 그 침해행위로 이익을 얻었을 때에는 그 이익액을 디자인권자 또는 전용실시권자가 받은 손해액으로 추정한다.

④ 디자인권자 또는 전용실시권자가 고의나 과실로 자기의 디자인권 또는 전용실시권을 침해한 자에 대하여 그 침해에 의하여 자기가 입은 손해의 배상을 청구하는 경우 그 등록디자인의 실시에 대하여 합리적으로 받을 수 있는 금액을 디자인권자 또는 전용실시권자가 입은 손해액으로 하여 손해배상을 청구할 수 있다.

⑤ 제4항에도 불구하고 손해액이 같은 항에 규정된 금액을 초과하는 경우에는 그 초과액에 대하여도 손해배상을 청구할 수 있다. 이 경우 디자인권 또는 전용실시권을 침해한 자에게 고의 또는 중대한 과실이 없을 때에는 법원은 손해배상액을 산정할 때 그 사실을 고려할 수 있다.

⑥ 법원은 디자인권 또는 전용실시권의 침해에 관한 소송에서 손해가 발생한 것은 인정되나 그 손해액을 증명하기 위하여 필요한 사실을 밝히는 것이 사실의 성질상 극히 곤란한 경우에는 제1항부터 제5항까지의 규정에도 불구하고 변론전체의 취지와 증거조사의 결과에 기초하여 상당한 손해액을 인정할 수 있다.

⑦ 법원은 타인의 디자인권 또는 전용실시권을 침해한 행위가 고의적인 것으로 인정되는 경우에는 제1항부터 제6항까지의 규정에 따라 손해로 인정된 금액의 3배를 넘지 아니하는 범위에서 배상액을 정할 수 있다.

⑧ 제7항에 따른 배상액을 판단할 때에는 다음 각 호의 사항을 고려하여야 한다.

  1. 침해행위를 한 자의 우월적 지위 여부

  2. 고의 또는 손해 발생의 우려를 인식한 정도

  3. 침해행위로 인하여 디자인권자 또는 전용실시권자가 입은 피해규모

  4. 침해행위로 인하여 침해한 자가 얻은 경제적 이익

  5. 침해행위의 기간·횟수 등

  6. 침해행위에 따른 벌금

7. 침해행위를 한 자의 재산상태

8. 침해행위를 한 자의 피해구제 노력의 정도

제116조(과실의 추정)

① 타인의 디자인권 또는 전용실시권을 침해한 자는 그 침해행위에 대하여 과실이 있는 것으로 추정한다. 다만, 제43조제1항에 따라 비밀디자인으로 설정등록된 디자인권 또는 전용실시권의 침해에 대하여는 그러하지 아니하다.

② 디자인일부심사등록디자인의 디자인권자、전용실시권자 또는 통상실시권자가 그 등록디자인 또는 이와 유사한 디자인과 관련하여 타인의 디자인권 또는 전용실시권을 침해한 경우에는 제1항을 준용한다.

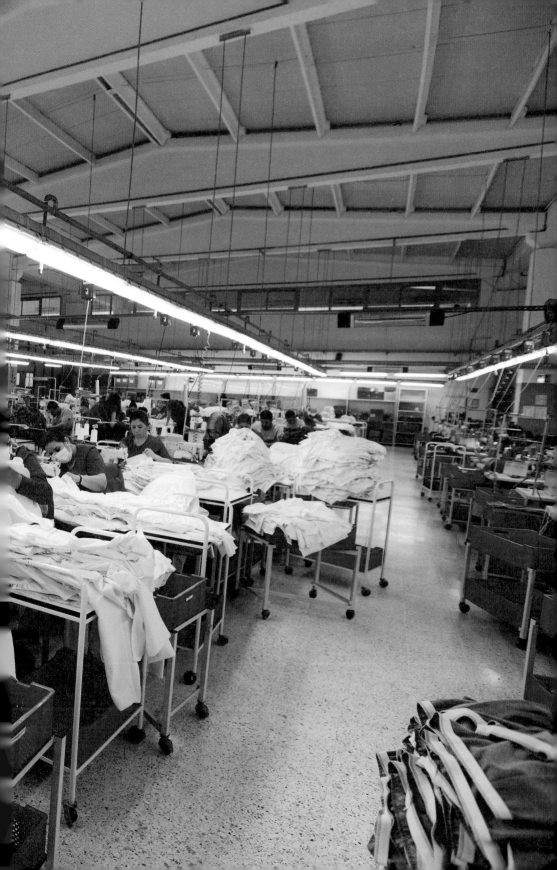

행복한 직업 찾기
나의 직업 패션디자이너

초판 1쇄 인쇄 2014년 3월 10일
개정판 1쇄 인쇄 2020년 11월 30일

개정2판 1쇄 인쇄 2022년 4월 20일
개정2판 1쇄 발행 2022년 4월 30일

글 | 꿈디자인LAB
펴 낸 곳 | 동천출판
사   진 | 서울호서직업전문학교, (주)지아이홀딩스(대표 : 최범석 디자이너),
            Pixabay, shutterstock.

등   록 | 2013년 4월 9일 제319-2013-25호
주   소 | 서울특별시 서초구 효령로 60길 15(서초동, 202호)
전화번호 | (02) 588 - 8485
팩   스 | (02) 583 - 8480
전자우편 | dongcheon35@naver.com

값 18,000원
ISBN   979-11-85488-73-8 (44370)
             979-11-85488-05-9 (세트)

*잘못 만들어진 책은 구입하신 서점에서 바꿔 드립니다.